KB081393

박상익의 포토 인문학

이 책에 실린 사진의 모델이 되어주신 시민들께 감사의 말씀을 드립니다.

박상익의 포토 인문학

사진으로 세상읽기

–

사진·글 박상익

사진과 인문학의 크로스오버

서양사를 공부한 인문학자로서 내가 사진에 취미를 붙여 '본격적'으로 작업을 한 것은 20년쯤 된다. 필름카메라에서 디지털카메라로 흐름이 바뀌던 무렵이다. 원래는 저술과 번역에 전념하던, '텍스트 지상주의자'였다. 그러다 문득 사진이 눈에 들어왔다. 지방에 있는 대학에 재직하면서 오랫동안 기차로 통근을 했다. 일과를 마치고 기차 시간을 기다리는 동안 세상의 아름다움이 눈에 들어왔다. 그림자가 길어지는 시간은 햇빛이 마술쇼를 선보이는 순간이다. 주로 전북 완주군 삼례읍 우석대 일대를 걸으면서 농촌과 시골의 풍광을 담았다. 일 때문에 여행을 가게 되면 반드시 카메라를 휴대했다.

확신하건대, 지은이보다 사진 잘 찍는 사진가들은 밤하늘의 별보다 많을 것이다. 프로 사진가들처럼 압도적인 이미지를 보여주는 건 능력 밖이다. 평생 사진동호회에 가입해본 적이 없고, 출사 여행이란 걸 떠나본 적도 없다. 사진가협회나 공모전 근처에도 가본 적이 없다. 전문가들이 사용하는 크고 무겁고 비싼 카메라를 가져본 적도 없다. 다만 작은 카메라를 들고 혼자 걸으면서 일상에서 마주치는 소소한 장면들을 담으려 했다. 특히 '일상'에서 포착한 이미지에서 '삶'을 길어 올리는 데 관심을 쏟았다.

그렇게 해서 이 책에는 2002년부터 2020년까지 찍은 수만 장의 사진 가운데 선별한 52장의 사진, 그리고 각 사진을 화두 삼아, 역사, 정치, 사회, 종교, 과학, 기술, 독서, 교육, 문학, 철학, 인문학, 영화, 노동, 우정, 고전, 동물, 식물, 어린이 등 우리네 삶 전반을 돌아보는 52개의 이야기를 담았다. 이미지 과잉의 시대에 인문학적 가치와 의미를 불어넣는 시도를 누군가는 해볼 필요가 있지 않을까 싶었다. 책을 읽는 분들이 사진을 한 장씩 넘기면서 놓고 삶 전반을 돌아보는 사색과 정리의 시간을 가져볼 수 있다면 더할 나위 없이 보람된 일일 것이다.

디지털카메라가 대중화되고 스마트폰의 카메라 기능이 강화되면서 사진찍기는 우리 모두의 일상이 되었다. 곳곳에 이미지가 넘친다. 인스타그램 등 사진과 동영상에 기반을 둔 SNS는 가뜩이나 넘치는 이미지 콘텐츠를 포화상태로 끌어올린다. 영상오락물의 비중은 갈수록 커지고 있다. 이미지의 비중이 커질수록 그에 반비례해서 활자 미디어는 위축된다. 인문학의 위기와 독서의 위기는 이미 심각한 수준이다.

미국 작가 레이 브래드버리는 1953년에 출간한 소설 《화씨 451》에서 500년 뒤의 '디스토피아'를 그린다. 소설에 그려진 미래의 미국 사회에서 정부는 사람들에게 독서금지령을 내리고, 대신 영상오락물에만 탐닉하도록 한다. 책 읽기를 금지당한 사람들은 거실 벽에 설치된 대형 텔레비전에 빠져 산다. 한편, 21세기 한국 사회에서는 독서금지령을 내릴 필요가 없어 보인다. 자발적 독서 중단이 대세로

굳어져 가고 있기 때문이다. 소설에서 500년 뒤에 올 것이라고 내다본 디스토피아가 이미 한국 사회의 '현실'이 된 것은 아닐까.

'이미지'는 시대의 흐름으로 확고히 자리를 잡았다. 거부할 수 없는 수준이다. 인위적으로 막는 건 불가능해 보인다. 그렇다면, 기왕 외면할 수 없는 추세라면, 변화를 받아들이고 이미지의 외연을 확장하여 인문학 콘텐츠를 불어넣는 방안을 생각해보는 것은 어떨까. 이미지와 글쓰기 사이에 '다리'를 놓아보는 것은 어떨까.

이 책은 사진을 시각적 이미지에 한정하지 않고, 한 장 한 장 들여다보며 그 안에서 인문학적 성찰을 끌어내려는 시도이다. '사진과 인문학의 크로스오버'라고 봐도 좋다. 이미지를 눈으로 보는 데 그치지 않고, 머리로 사색하고 가슴으로 공감할 수 있는 인문학의 영역으로 변환시켜 보자는 것이다. 이미지 시대에 끌려가는 게 아니라, 사진을 통해 사회를 돌아보고, 역사를 생각하고, 개인의 내면을 돌아보는 계기를 만들어 보자는 의도이다.

사진에 한두 줄짜리 설명을 붙여 내놓은 사진집은 많다. 이미지가 우위에 서는 콘셉트다. 하지만 사진과 텍스트를 대등하게 병렬시켜 한 장 한 장의 사진에서 인간과 사회와 역사에 대한 다양한 이야깃거리를 끄집어내려는 시도는 드물었거니와, 따라서 이 책에서는 이미지 위주의 사진집과는 다른 시도, 즉 사진과 인문학의 결합을 시도해보려고 한다.

2016년 말 정한책방의 천정한 대표께서 SNS에 올린 사진에 관심을 보이며 사진과 이야기가 하나 되는 책을 내보지 않겠느냐는 제안을 했다. 하지만 사진을 책으로 낸다는 건 엄두가 나지 않는 일일뿐더러 분에 넘치는 일이었다. 즐기는 '놀이'에 불과한 사진찍기가 책

쓰기라는 '노동'이 될까 겁도 났다. 저술, 번역, 강의 등으로 지친 심신을 달래기 위한 도락道樂으로 시작한 사진이기 때문이다.

한동안 천 대표의 제안을 까맣게 잊고 지냈다. 그러던 2018년 초여름, 〈서울신문〉의 문소영 기자님이 내 사진을 어여삐 보고, 사진과 글이 어우러진 칼럼을 격주로 실어보자는 제안을 했다. 성격상 무언가 책임을 떠맡게 되면 겁부터 집어먹는 타입이다. 제안을 받고 난 '첫 느낌'은 걱정스럽다는 것이었다. 가지 않은 길을 걸으라는 제안이 압박으로 다가왔다. 하지만 그 순간 2년 전 천 대표의 제안이 떠올랐다. 책 원고를 한꺼번에 완성하는 게 아니라 연재하는 방식이니 한번 도전을 해도 되지 않을까 하는 용기가 생겼다.

다시 2년 남짓 흘러 그동안 연재된 사진과 글이 50편을 넘기면서 정한책방과 다시 연결되었다. 2016년의 제안에 드디어 응답할 수 있었다. 4년 만의 일이다. 지은이도 믿지 못했던 일이 현실이 된 셈이다. 두 분이 아니었다면 결코 여기까지 올 수 없었을 것이다. 각별한 감사의 마음을 전한다. 편집을 맡아준 김선우 실장, 책을 예쁘게 만들어준 최성수 디자이너, 두 분께도 고마운 마음을 전한다.

2020년 8월

박상익

차례

공중부양 소녀

나승위 씨가 쓴《스웨덴 일기》는 남편, 세 아들과 함께 스웨덴에서 9년간 살았던 경험을 펼친다. 작가는 아들이 셋이다(고등학생 쌍둥이 아들과 초등학교 6학년 막둥이). 막내가 초등학생이라 학부모로서 수업 참관을 갔다. 그런데 막내가 선생님의 질문에 손을 번쩍 들고는 천연덕스럽게 '틀린' 대답을 하는 것 아닌가. 아들이 손을 번쩍 든 것도 놀라웠는데, 틀린 답을 그렇게 크게 외쳐 놓고도 별로 부끄러워하지 않는 모습에 엄마는 더 놀란다.

학교 뮤지컬 공연은 아이들 공연임을 감안하더라도 너무나 어설프다. 도대체 연습이나 제대로 했나 싶을 정도로 서툰 피아노 연주를 한다. 물론 관객들(스웨덴 부모들)은 큰 박수로 화답하지만, 작가는 실망하며 돌아선다. 한국 엄마답게! 탐구생활 시간에 만든 발명품도 마찬가지다. 아이들은 자신만만하게 발명품을 설명하지만, 한국 엄마 눈에는 허접하기 짝이 없다. 작품이 조잡한 이유는 간단하다.

2018년 여름, 대전

어른들의 도움을 전혀 받지 않고 아이들이 혼자 만들기 때문이다. 작가는 소풍날 도시락 싸는 것 이외에 아이들이 엄마에게 뭘 해 달라고 부탁하는 말을 한 번도 들어 본 적이 없다고 했다. 스웨덴 학교에선 '잘하고 못하는' 걸 문제 삼지 않는다고 했다. 아이들이 '스스로 뭘 해냈다'는 것만을 중요하게 여긴다는 것이다.

스웨덴 학교에서는 어른의 도움이 필요한 어려운 숙제를 내주지 않는다. 엄마 아빠가 둘 다 일하기 때문에 아이들 공부에 신경 쓸 겨를이 없다는 것을 선생님들이 잘 알고 있기 때문이다. 선생님이 알고 있는 건 이것만이 아니다. 평소 열심히 일한 엄마 아빠가 휴가를 즐겨야 하므로 아이들에게 어른의 도움이 필요한 방학 숙제도 결코 내주지 않는다. 아니, 스웨덴에서는 방학숙제 자체가 없다.

이렇게 어른들이 아이들을 바라보는 눈이 편안하다. 왜 더 잘할 수 없을까를 생각하지 않고, 그냥 그대로 훌륭하다고 생각한다. 한국 엄마로서는 충격 받을 만도 하다. 아이를 분재盆栽처럼 여기는 우리와 다르기 때문이다.

아이들은 틈만 나면 하늘로 점프한다. 폴짝 뛰어올라 한껏 자신의 내면을 드러내려 한다. 어른들 눈에는 잘 띄지 않는 순간이다.

사진가가 아이의 공중부양 순간을 말없이 기다리다가 순간 포착하듯이 학교와 사회는 그들의 재능과 미덕이 드러나기를 인내하며 기다리다가 찾아내 격려해야 한다. 그것이 진정한 교육이 아닐까.

금성 라디오

라디오가 거의 유일한 오락 수단이던 시절이 있었다. 그 무렵 라디오 프로그램 중 '재치문답'이 큰 인기를 모았다. 주요 출연자로는 소설가 정연희, 산부인과 의사 한국남, 만화가 두꺼비 안의섭 등이 있었다. 출연자들을 '박사'로 부르며 재치 있는 입담을 즐겨 듣곤 했다. 일요일 저녁마다 청취자들의 배꼽을 빠지게 했던 재치문답은 스무고개 형식으로 진행된 퀴즈 프로였다. 지금도 기억나는 퀴즈 정답은 '고기인 줄 알고 씹어 먹은 된장 덩어리'다.

식구 많은 집에서 어머니가 저녁 식탁에 된장찌개를 준비한다. 국물 맛을 내기 위해 소고기 몇 점을 투하한다. 식탁에 둘러앉은 형제들 사이에 '낚시 전쟁'이 벌어진다. 고기를 먼저 건져 먹기 위해 젓가락 신공이 펼쳐지는 것. 젓가락 끝에 무언가 걸리는 느낌이 든다. 고기다. 재빨리 낚아채 입속으로 집어넣는다. 회심의 미소를 지으며 어금니로 깨무는 순간 아뿔싸, 고기인 줄 알았더니 된장 덩어리를

2018년 여름, 대전

씹은 것이다. 가난했던 시절 모두가 공감하면서 청취했던 퀴즈 게임이다.

권투, 레슬링 경기도 라디오 중계로 들었다. 귀를 쫑긋 세우고 시각적 상상력을 최대한 끌어올려야 했다. 임택근 아나운서와 이광재 아나운서가 당시엔 최고 인기였다. 임택근이 중후하고 차분한 톤이었다면, "고국에 계신 동포 여러분"으로 시작하는 이광재의 애국심 가득한 중계는 곧잘 격앙된 톤으로 이어지곤 했다. 권투 시합을 이광재 중계로 듣다 보면 한국 선수가 이긴 줄 알았다가 뜻밖에 상대방의 승리로 끝나는 때도 있었다. 흥분한 나머지 우리 선수 공격 장면을 강조하다 보니 청취자로서는 오판할 수밖에.

그 시절 많은 가정에 금성 라디오가 있었다. 하지만 쉽게 구할 수 있는 물건은 아니었다. 시인 김수영은 1966년 9월 금성 라디오를 처음 장만했다. 일시불이 아니고 일수日收로 대금을 치렀다. 가난한 살

림이라 라디오 값을 매일매일 나누어 갚은 것이다. 뒷마당에 닭을 길렀으니, 달걀을 팔아 일수 대금을 치렀을까? 그에겐 라디오도 사치품이었다. 시인은 자신이 타락했음을 괴로워한다.

"금성 라디오 A504를 맑게 개인 가을날 / 일수로 사들여온 것처럼 / 500원인가를 깎아서 일수로 사들여온 것처럼 / 그만큼 손쉽게 / 내 몸과 내 노래는 타락했다."('금성 라디오')

도시 이곳저곳에는 지금도 금성 라디오의 가난한 흔적이 남아 있다.

코끼리의 열정

열정熱情은 영어로 '인수지애즘enthusiasm'이다. 미국 생태학자 르네 듀보는 이 단어의 어원(en과 theos)을 풀어 '내재內在하는 신a God within'이라고 풀이한다. 내 안에 '신'이 임한 상태가 열정이라는 것이다. 당연히 열정은 인위적으로 만들어 낼 수 없다. 열정적인 삶이란 알 수 없는 힘에 이끌려 불가항력적으로 자신의 영혼을 불태운다. 그것은 감당하기 어려운 고통과 불행을 수반할 수도 있다. 하지만 모든 위대한 생애가 그런 것 아니었던가?

독일 문호 괴테는 《괴테와의 대화》에서 말한다.

"나는 지금 열여덟 살이 아니라는 것이 기쁘네. 내가 열여덟 살이었을 때는 독일도 겨우 열여덟 살이어서 아직 무언가를 할 수 있었지. 하지만 지금은 어느 쪽을 보아도 길이 막혀 있네. 나는 모든 게 갖춰진 이 시대에 젊지 않다는 것을 하늘에 감사하고 있어. 젊었더라면 미국으

2010년 2월, 전북 삼례

로 도망쳤을지도 모를 일이야."

　한국 사회는 아직 부족한 점이 많다. 그러나 괴테처럼 생각한다면 오히려 긍정적으로 생각할 여지가 있다. 그만큼 기회가 많다는 뜻도 된다. 현실을 개선하고 역사를 발전시킬 임무를 준다. 역설적으로 모든 게 갖추어진 선진국 젊은이들은 불행한 처지일 수도 있다. 모든 게 완비된 체제 안에서 개인의 역할은 극도로 제한된다. 그 결과 마약, 총기 등 퇴폐와 일탈에서 돌파구를 찾기도 한다.

　결국 인간의 삶이란 열매나 결과보다는 가치와 의미를 위해 투쟁해 나아가는 과정 자체가 더 중요한 것이 아닐까. 그리고 역설적이게도 아직 해야 할 일이 지천으로 널려 있는 한국 사회야말로 힘들기는 하지만 값진 성취감을 맛보기에는 더할 나위 없는 기회의 땅이 아닐까.

그래서였을까? 괴테는 '과정'의 중요성을 이렇게 말한다.

"매너리즘에 빠진 사람은 늘 작업을 끝내기만 바라며 작업 자체에는 즐거움을 느끼지 못한다네. 그러나 진정으로 위대한 작가는 제작 과정에서 최상의 기쁨을 발견하지. 재능이 부족한 사람일수록 예술 그 자체에 만족하지 않고 작업을 하는 동안에도 그것을 끝내고 얻게 될 이익만을 염두에 두는 법이지."

코끼리가 큰 귀를 펄럭이며 열정적으로 돌진하고 있다. 역사를 발전시키는 '과정'에서 기쁨을 느끼는 열정적인 젊음이 많아지기를, 그리고 그들을 격려하는 사회가 되기를.

소년의 호기심

—
문 안쪽이 궁금한 터키 소년

중학교 2학년 시절 과학자의 꿈을 꾼 적이 있었다. 과학 잡지를 보고 로켓 만들 궁리를 했다. 굵직한 연필 모양 원통 안에 흑색화약을 채워 넣고 도화선을 연결해 발사하면 된다. 이른바 '펜슬 로켓pencil rocket'이다. 화약 제조법은 백과사전을 뒤져 알아냈다. 화공약품상에서 재료들을 사들여 정해진 비율로 조심스럽게 섞었다. 로켓을 완성한 후 영어사전을 찾아 '피닉스'라는 이름도 붙였다. '불사조'라는 뜻이다. 골목 친구 창규를 불러내 발사 실험을 했다. 슈슈슉! 힘찬 소리와 연기를 남기고 로켓이 하늘로 솟구쳤다.

창규의 눈빛이 갑자기 반짝였다. 화약 제조법을 알려달라고 보챘다. 재료와 구입처를 알려줬다. 2, 3일 후 창규를 만났다. 그런데 외양이 심상치 않다. 얼굴과 손 여기저기 빨간약(머큐로크롬)을 발랐다. 깜짝 놀랐다. 무슨 일이냐고 물으니 권총 탄피 안에 화약가루를 밀어 넣으면서 쇠젓가락으로 쑤시다가 폭발하면서 손과 얼굴에 가벼운 화상을 입었다고 한다. 엄마한테 야단맞았다고 하면서 슬그머니 날 원망한다. 하지만 그게 왜 내 탓이겠는가. 호기심 탓이지.

기계식 시계만 존재하던 시절이 있었다. 이 시절 부모님 몰래 시계를 뜯어보다가 낭패를 당한 이가 적지 않을 것이다. 분해는 용감하게 했는데 조립을 마치고 보니 나사와 부품 몇 개가 남아돈다. 부모님의 호된 꾸중이 날아든다. 역시 호기심 탓이다.

기계식 시계는 유럽에서 13세기 말에 발명되었다. 유럽의 도시들은 경쟁적으로 공공건물에 정교한 시계를 가설했다. 시간만 알려준 게 아니라 해와 달과 행성의 궤도를 알려주었다. 정교한 장치에 의해 인형이 나와 종을 치기도 했다.

시계는 1650년경 이후 값이 싸지면서 사실상 서유럽의 거의 전 가정에 비치되었다. 가정마다 비치된 시계는 유럽인의 호기심을 자아내는 신기한 기계장치의 표본 역할을 했다.

18세기 계몽주의가 유행하면서 우주를 이해하는 새로운 관점, 즉 이신론理神論, deism이 등장한다. 이신론자들의 표현을 빌리자면, 신은 '신성한 시계공'이다. 태초에 완벽한 시계를 만들어 예측 가능한 규칙성을 유지하면서 작동하도록 내버려두는 존재이다. 우주를 시계에 비유할 정도로 유럽인에게 시계는 익숙한 기계장치였던 것이다.

터키에서 만난 소년의 뒷모습에 호기심이 가득하다. 아이들의 호기심과 탐구심에 국가와 인류의 장래가 걸려 있는 건 아닐까.

스마트폰 삼매경

—

2017년 여름, 대전

18세기 유럽에서는 '독서과잉'으로 인한 위기의식이 고조됐다. 엘리트들은 독서의 보편화, 특히 하층민의 독서량 증가가 가져올 위험을 우려했다. 정치철학자 존 로크는 가난한 사람들에게 글 가르치는 것을 반대했다. 글을 읽어봤자 자신의 비참한 처지를 깨닫게 될 뿐이기 때문이다. '무지'는 자비로운 신이 하층민의 비참함을 덜어 주기 위해 내려 주신 아편이었다.

사람들은 독서가 건강을 해칠까 우려했다. 18세기 말의 한 기록은 과도한 독서가 신체에 미치는 영향으로, 감기·두통·시력감퇴·발진·구토·관절염·빈혈·현기증·뇌일혈·폐질환·소화불량·변비·우울증 등을 열거했다. 그러나 이 모든 우려에도 유럽의 독서 열기는 좀처럼 식을 줄 몰랐다. 1800년경 유럽인은 대단히 집중적인 독서를 했고, '독서문화의 황금시대'를 구가했다.

나가미네 시게토시의 《독서국민의 탄생》은 일본이 '독서국민'으로 탄생하는 과정을 추적한다. 메이지유신(1868) 직후 사회 최하층인 인력거꾼마저 쉬는 시간을 이용해 신문·잡지를 일상적으로 읽을 정도로 독서 습관이 일본 국민의 몸에 배어 있었다는 것이다. 지하철 노숙자마저도 책 사랑에 흠뻑 빠져 사는 일본의 독서열은 19세기에 시작되었다.

우리는 지난 반세기 동안 서양이 500년 걸려 이룩한 업적을 달성했다. 기적과도 같은 경제성장이 있었고, 반도체 등 몇몇 분야에서는 세계 최고수준에 올랐다. 하지만 독서의 영역만은 성장 과정에서 생략됐다. 우리 역사에는 유럽이 경험한 '독서문화의 황금시대'도, 일본이 경험한 '독서국민의 탄생'도 없다.

꼭 책을 읽어야 하느냐, 인터넷으로 읽는 텍스트 양이 많지 않으냐고 말할지 모른다. 하지만 스벤 버커츠는 《구텐베르크 엘레지The Gutenberg Elegies》에서 인터넷이야말로 인쇄물이 제공해 주던 '수직적 경험'을 파괴한 주범이라고 말한다. 책을 마주 대하는 경험은 독자를 사색思索의 세계로 안내하지만, 하이퍼텍스트가 제공하는 것은 '수평적 경험'으로서, 자아성찰에 오히려 역효과를 일으킨다는 것이다.

곱게 차려입은 소녀가 골목길을 걸으며 스마트폰 삼매경에 빠져 있다. '독서문화의 황금기'를 경험하지 못한 채 디지털 시대로 훌쩍 넘어온 우리 사회의 자화상이다. 골목 귀퉁이의 구겨진 인쇄물은 종이 책과 종이 신문의 초라한 처지를 말해주는 것만 같다.

먼저 된 자와 나중 된 자

수백 년간 서양이 세계를 압도해 왔기에 서양 문명이 원래 우월한 것으로 지레짐작할지 모른다. 천만의 말씀이다. 서기 8세기부터 12세기까지 서유럽은 이슬람권에 비해 야만의 수준을 면치 못했다. 11세기 팔레스타인에 출현한 기독교 십자군을 아랍인은 미개한 침입자로 간주했다. 서유럽은 이슬람권의 눈부신 학문적 성취를 접하고 경탄을 금치 못한다.

《아리스토텔레스의 아이들》의 저자 리처드 루빈스타인은 중세 유럽인에게 이슬람의 학문은 마치 '스타게이트'(행성 간의 우주여행을 할 수 있는 문으로 들어가는 입구)와도 같은 것이었다고 말한다. 미개한 서유럽이 선진 이슬람 문명을 스승으로 모시고 열정적으로 배운 결과 새로운 역사 단계로 진입할 수 있었기 때문이다.

서유럽이 스타게이트를 연 열쇠는 '번역'이었다. 유럽인은 미친 듯이 아랍어로 번역된 그리스 고전들을 라틴어로 번역했다. 이미 이

2011년 가을, 전북 삼례

슬람권에서는 아리스토텔레스를 비롯한 그리스 고전들이 아랍어로 충실히 번역돼 있었기 때문이다. 따라서 중세 유럽의 수도원 사서들에게 아랍어 해독 능력은 필수였다. 그리스어에서 직역할 능력이 없었기에 아랍어에서 라틴어로 중역重譯한 것이다.

이 대대적인 번역 캠페인을 '12세기 르네상스'라고 부른다. 어마어마한 열정으로 수많은 그리스 고전들을 라틴어로 번역했고, 그 노력이 축적된 결과 수백 년 뒤 근대가 밝아오자 이슬람과 기독교 진영의 우열은 역전되고 만다. 나중 된 자가 먼저 되고, 먼저 된 자가 나중 되는 반전의 드라마가 펼쳐진 것이다. 그때 이래로 지금까지 서유럽 문명은 줄곧 우위를 유지하고 있다. 번역으로 후발 문명이 선진 문명을 추월한 대표 사례다.

해마다 한글날이면 한글에 대한 온갖 찬사가 쏟아진다. 하지만 대대적인 콘텐츠 확충을 통해 한국어로 전 세계의 고급 지식과 정보를 마음껏 읽을 수 있도록 하자는 '번역 캠페인'은 어디에서도 찾을 수 없다. 번역을 통해 변방에서 세계사 주류로 등극한 서유럽의 역사적 사례는 우리에게 아무런 의미도 없는 것일까.

지식정보시대라고 한다. 먼저 된 자와 나중 된 자가 함께 펼쳐진 가을 들판을 바라보며 우리의 미래를 걱정한다.

줄무늬의 이중성

줄무늬가 서양 역사에 처음 등장한 것은 13세기 중반 가르멜수도회 수도사들이 줄무늬 망토를 걸치고 파리에 들어가면서였다. 파리 사람들은 손가락질하면서 그들을 경멸했다.

중세 유럽인에게 줄무늬는 '다양성'을 의미했다. 오늘날에는 다양성을 젊음, 관용 같은 긍정적 의미로 받아들이지만, 중세에는 다양성이 죄악과 지옥을 연상시키는 부정적 개념이었다. 호랑이·하이에나·표범 같은 줄무늬 동물도 중세인에게는 두려움을 주는 존재였다.

긍정적 의미의 줄무늬는 1776년 미국 독립혁명과 더불어 확산되기 시작했다. '낭만과 혁명'을 뜻하는 줄무늬 개념이 처음 등장한 것이다. 영국과 적대 관계였던 프랑스는 아메리카 식민지인을 지지하면서 미국적인 것에 끌렸다. 성조기의 줄무늬는 자유의 상징물로 부각됐다. 이때부터 줄무늬는 정치적 의미를 갖게 된다.

줄무늬 옷은 영국에 대한 적대감을 드러내는 한 수단이었다.

2007년 늦여름, 대전

1789년 프랑스혁명은 삼색기를 비롯해 다양한 줄무늬를 채택했다. 줄무늬 옷을 입는 것은 혁명 이념을 적극 지지한다는 뜻이었다. 삼색기가 자유와 독립의 상징으로 받아들여지면서 삼색기를 모방한 국기가 유럽 각국에서 우후죽순처럼 등장했다.

그러나 줄무늬에는 상반된 가치가 공존한다. 18세기 말에 사람들이 줄무늬 옷을 보고 가장 먼저 떠올린 사람은 죄수였다. 프랑스는 특히 죄수들에게 줄무늬 옷을 많이 입혔다. 죄수복의 줄무늬는 감옥의 창살과 밀접한 상징적 관계를 갖는다.

줄무늬는 '보호'의 의미도 있다. 잠잘 때 입는 파자마가 줄무늬인 이유가 무엇이겠는가. 우리는 잠잘 때 무방비 상태가 된다. 잠든 동안 악령과 악몽에서 우리를 지켜 주기를 바라는 마음으로 줄무늬 파자마를 입는 것은 아닐까?

횡단보도의 줄무늬는 통행의 어려움을 뜻하지만, 동시에 안전한

통행 가능성을 뜻한다. 통행을 제한하기도 하지만 보행자를 보호하기도 한다. 줄무늬를 가로세로로 엮으면 그물이 된다. 소외 계층에 제공하는 사회안전망의 '망網'이 '그물망'인 것은 우연이 아니다. 선진사회일수록 정교한 줄무늬가 필요한 이유다.

할머니의 지혜

2014년 가을, 전북 삼례

2018년 말 한국 사회는 양승태 전 대법원장의 사법 농단 사태로 시끄러웠다. 대법원장으로 6년간 근무하면서, 상고법원 도입을 위한 로비 활동을 위해 법원 운영비를 횡령했고, 박근혜 정부가 요구하는 주요 사건들(전교조 및 KTX 승무원 해고 등)에 대한 재판 결과를 박근혜 정부 요구에 따라 판결해 주면서 재판거래를 했으며, 각급 법원 공보관실 운영비 수억 원을 현금으로 인출해 비자금까지 조성했다는 것이다. 이 사건으로 인해 양승태는 2019년 1월 24일, 구속영장이 발부되어 서울구치소에 수감 되었다. 대법원장이 구속된 것은 71년 헌정 사상 초유의 일이다.

과거 박정희, 전두환 정권 시절에도 판사들이 외압을 못 이겨 양심에 반한 재판을 한 적이 있지만, 이렇게 법원이 자발적으로 자신들의 목적을 달성하려고 양심을 팔아 권력과 거래한 일은 없었다. 우리 헌정사에서 유례가 없는 일이라고 한다. 최고 엘리트로 자처하는 판사들이 권력분립과 법관의 독립을 규정한 대한민국 헌법을 유린한 것이다. 법원의 권위와 재판에 대한 신뢰는 땅에 떨어졌다.

1215년 영국 귀족들은 존 왕의 잘못된 정치에 분노한다. 그들은 왕의 권력을 제한하고 국민의 자유와 권리를 보장하기 위해 왕을 압박해 법률 문서를 받아 낸다. '영국 입헌 정치의 시발점'이자 '자유의 상징'으로 유명한 마그나카르타(1215)가 탄생한 것이다. 마그나카르타는 국왕의 전제로부터 국민의 권리와 자유를 지키기 위한 전거로 받아들여지고 있으며, 1628년 권리청원權利請願, 1689년의 권리장전權利章典과 더불어 영국 헌정의 기초가 됐다.

19세기 영국 저술가 새뮤얼 스마일스는《스스로 돕기》란 책에서 마그나카르타에 관한 뜻밖의 사실을 지적한다. 이 문서를 이끌어 낸 사람들이 글을 쓸 줄 모르는 문맹자들이었다는 것이다.

"독서층이 있기 오래전부터 영국에는 이미 현명하고 용감하고 진실한 사람들이 있었다. 마그나카르타는 이름을 쓸 줄 몰라서 문서에 서명 대신 기호를 그려 넣었던 사람들의 손으로 만들어졌다. 마그나카르타의 원칙이 담긴 글자는 전혀 해독하지 못했지만, 그들은 원칙 그 자체를 이해하고 올바르게 평가하고 또한 그 원칙을 지키고자 과감하게 논쟁했다. 이리하여 일자무식이었으되 최고의 인격과 자질을 지닌 사람들이 영국에 자유의 기초를 세웠다."

800년 전 영국의 문맹자들이 보여 준 용기와 통찰은 한국 사회에서 가장 똑똑한 집단이라고 자처하는 자들이 드러낸 추악한 민낯과 대조된다. 인격 없는 지식이 낳은 참극이다. 오히려 배우지 못한 시골 농부와 할머니에게서 상식과 통찰이 반짝이는 경우를 얼마나 많이 보는가. 세 할머니가 석양의 가을 들판에서 이야기꽃을 피우고 있다.

줄타기 인생

스토아 철학자 에픽테토스는 "세계의 연극 속에서 당신이 가난한 자의 배역을 맡든 지배자 또는 소시민의 배역을 맡든 주어진 역을 잘 해내는 것이 당신의 할 일"이라고 말한다. 삶에서 가장 중요한 것은 '무슨 배역을 맡느냐'가 아니라, 주어진 역을 '얼마나 잘 해내느냐'에 달려 있다는 것이다. 19세기 영국 사상가 토머스 칼라일의 말대로 명성이나 지위는 '한낱 등불이어서' 사람을 비추어 줄 뿐 더 훌륭한 사람으로 만들어 주지는 않기 때문이다. 그러나 한국 사회는 조각 작품 자체보다는 작품이 올려져 있는 '받침대'의 높이만을 중시하는 풍토가 압도한다.

2018년 가을, 27대 서울대 총장 선거는 3파전으로 압축됐다. 1위를 한 오세정 교수에 대해서는 말이 많았다. 대학은 정치로부터 자유로워야 하는데 2년이나 남은 국회의원직을 버리고 임기 4년의 서울대 총장 선거에 뛰어든 게 납득할 수 없다는 것이다. 오 교수는 기

2013년 가을, 충남 부여

초과학연구원장을 하기 위해 11개월 만에 한국연구재단 이사장직을 그만두었고, 기초과학연구재단 이사장직도 제26대 서울대 총장 선거에 나가기 위해 중도 하차한 바 있다.

그러니 총장에 취임하더라도 더 좋은 자리가 생기면 그리 갈 것이라는 의심을 받고 있다. 꽃길만 찾는 줄타기 인생이다. 머릿속 시계가 19세기 조선에 멈춰 있지 않은 한 이런 태도를 보일 수 없을 것이다. 대학 총장 자리를 대제학大提學 벼슬쯤으로 여기지 않는 한 이런 행보를 취할 수 없을 것이다. 한국 최고 대학의 유력 후보가 줄타기 인생이라는 사실이 허망하다.

2018년 7월 타계한 작가 최인훈은 《광장》(1961)에서 우리 사회 지배 엘리트들의 전근대성을 질타한다.

"서양에 가서 소위 민주주의를 배웠다는 놈들이 돌아와서는 자기 몇 대조가 무슨 판서, 무슨 참판을 지냈다는 자랑을 늘어놓으면서 인민의 등에 올라앉아 외국에서 맞춘 알른거리는 구둣발로 그들을 걷어차고 있습니다."

지위와 벼슬만 탐하는 저급한 엘리트들에 대한 질타다.
《광장》이후 60년이 흘렀다. 광장을 저버린 채 감투 따라 부유하며 줄타기에 매진하는 엘리트들의 행태는 여전하다. 21세기에 중세를 사는 시대착오적 엘리트들에 비하면 하늘로 치솟는 줄타기 명인의 묘기는 얼마나 아름다운가.

의좋은 남매

20세기 일본 영화계의 거장 구로사와 아키라黑澤明(1910~1998) 감독을 모르는 사람은 많지 않을 것이다. 4남 4녀의 막내로 태어난 구로사와는 누나들에 대해 각별한 추억이 있다. 어린 시절 네 살 위의 형(초등 2학년)이 학교에서 운동하다가 추락해 피투성이로 집에 온 모습을 기억한다. 목숨을 잃을 뻔한 사고였는데, 그걸 보고 넷째 누나 모모요가 갑자기 "안 돼! 내가 대신 죽을래"라며 울음을 터뜨린 것을 똑똑히 기억한다.

구로사와는 넷째 누나를 회고하며 "우리 집안에는 감정 과다에 이성 결핍이라고 할까. 사람만 좋으며 감상적인, 좀 엉뚱한 피가 흐르는 것 같다"고 대수롭지 않다는 듯이 말한다. 하지만 어린 소녀가 남동생을 위해 대신 죽겠다고 울며 외친 것은 놀라운 일이다.

구로사와는 넷째 누나가 누나들 중 가장 예쁘고 다정했다고 회상한다. 유리같이 섬세하고 깨지기 쉬운 아름다움을 지니고 있었다

2012년 겨울, 대전

고 했다. 하지만 그 작은누나는 그 후 16살 어린 나이에 요절한다. 구로사와는 넷째 누나를 생각할 때면 눈물이 난다. 그는 "넷째 누나에 대해 글을 쓰다 보니 눈시울이 뜨거워져서 몇 번이나 코를 풀고 있다"고 고백한다. 남동생을 위해 대신 죽겠다고 외치는 소녀의 영혼에는 기독교에서 말하는 대속代贖 사상이라도 깃들어 있었던 것일까? 물론 구로사와 집안은 기독교와는 아무런 상관이 없다.

구로사와는 셋째 누나 다네요에 대해서도 애틋한 추억이 있다. 1945년 일본이 패전을 향해 치닫던 비상시국이었다. 구로사와는 영화제작 중 간신히 틈을 내서 미군 공습을 피해 아키타에 피난 중이던 부모님을 찾아뵈었다. 부모님이 계신 집에 도착한 건 한밤중이었다. 쾅쾅 대문을 두드렸다.

부모님을 돌보려고 가 있던 셋째 누나가 대문 틈새로 내다보고는 "아키라다!" 하고 외치더니, 문밖에 있는 구로사와를 그대로 둔 채

부엌으로 뛰어가서 서둘러 쌀을 씻기 시작했다. 구로사와는 어이가 없었다. 동생이 왔는데 대문도 열어 주지 않다니. 제대로 쌀 구경도 못 했을 동생에게 빨리 쌀밥을 먹이고 싶었던 누나의 눈물겨운 마음씨였다.

유치원 봉고차에서 내린 여동생을 오빠가 집으로 데려오고 있다. 손을 꼭 잡은 오누이의 사랑스러운 모습이 초겨울 추위를 녹여 준다.

노동을 천시하는 사회

1935년 11월 3일, 일본 마라톤 국가대표 선발전이 도쿄에서 열렸다. 손기정 선수는 2시간 26분 42초라는 세계최고기록으로 우승했다. 1936년 개최되는 베를린올림픽 출전 자격을 획득한 것이다. 그해 말 손기정 선수의 국가대표 선발 축하잔치가 서울 명월관에서 열렸다. 미국 선교사이자 경신儆新학교 교장 게일J. S. Gale(1863~1937) 목사가 축사를 했다.

> "얼마 전까지만 해도 서양 사람들이 테니스하는 걸 보고서는 '왜 힘든 일을 하인에게 시키지 않느냐'던 조선 땅에서 오늘 이렇게 훌륭한 마라톤 우승자를 키워 냈다. 손기정 군의 우승을 보니 조선 사람들의 의식도 많이 달라졌음을 느끼게 된다."

게일 목사의 말처럼 전통적으로 한국인은 몸 쓰는 일을 천하게

2004년 12월 대전 원동시장

여겼다. 테니스마저도 하인에게 시킬 일로 여겼으니, 육체노동이야 두말할 나위가 없다. 우리 역사에서 노동신성勞動神聖의 이념은 뿌리를 내린 적이 없었다.

로마제국이 멸망한 원인 중 하나는 노동 천시로 말미암은 농업 생산성 저하 때문이었다. 서로마제국은 476년에 멸망한다. 그러나 6세기에 등장한 베네딕투스 수도회는 육체노동에 대한 서양 사회의 고정관념에 혁명을 가져온다. 고대 그리스와 로마의 철학자·귀족의 최고 이상은 명상에 잠길 수 있는 여가를 확보하는 것이었다. 이에 반해 베네딕투스 수도회 창립자인 베네딕투스(480~547)는 수도사들에게 항상 바삐 일할 것을 권했다.

그는 '게으름이야말로 영혼의 적'이라고 믿었고 수도사들이 일정 시간 동안 육체노동에 종사하도록 규칙을 정했는데, 고대 로마의 귀족들이 이 규칙을 접했더라면 놀라움을 금치 못했을 것이다. 역사상 최초로 노동신성 이념이 탄생한 것이다. 초기 베네딕투스 수도사들은 솔선수범하여 노동의 존귀성에 관한 이념을 확산시켜 나갔고, 이들의 활동에 힘입어 노동신성 이념은 서양의 문화와 전통에서 중요한 특징으로 자리잡았다.

시장 모퉁이에서 가방 장인이 한 땀 한 땀 정성을 기울이고 있다. 손기정 선수의 우승으로부터 80여 년이 지났건만 육체노동을 하찮게 보는 우리 사회의 관행은 끈질기다. 이들의 노고에 응분의 보상이 없는 사회에는 미래도 없다.

두 친구

프랑스의 모럴리스트 아벨 보나르Abel Bonnard(1883~1968)는 우정을 셋으로 나눈다. 첫째, 습관적 우정이다. 보나르는 대부분의 우정이 여기에 속한다고 말한다. 학교 동창이나 고향 친구 등에서 흔히 볼 수 있다. 노인들은 친구가 죽으면 슬퍼한다. 그런데 대개 그들은 한 인간의 죽음을 한탄하는 것이 아니라 자기의 습관이 무너진 것을 어이없게 느낀다. 보나르는 우정의 대부분은 의지에서 비롯된다기보다는 우연과 습관의 결과라고 지적한다.

둘째, 이해관계에 의한 우정이다. 사람들은 자기가 받는 친절과 주는 친절을 몰래 세밀하게 계산한다. 자기가 손해라는 것을 알아차리면 곧 계약을 파기할 태세다. 서로 냄새를 맡고, 탐지하고, 무언가를 암시하기만 해도 알아차린 듯한 얼굴을 하고, 상대방이 얼마나 이익을 베풀어 줄 것인가를 계산한다. 희미한 어둠 속에서 거래가 맺어지면 밝은 데 나가서 우정의 깃발을 내건다.

2009년 12월 대전

사람들은 상대방에게 매우 믿을 만한 동맹자라는 것을 직접 행동으로 보여 줌으로써 극히 사이좋은 친구임을 입증할 수 있다고 생각한다. 그러나 잘 관찰해 보면 그들이 자기 행동을 그처럼 드러내 보이는 것은 언젠가 답례가 있으리라고 기대하기 때문이다. 상대방에게 의지할 수 있는 권리가 그만큼 늘어나는 것이다.

이런 사람들은 자기가 훌륭한 우정의 소유자라고 믿는 순간에 사실은 참된 우정이 무엇인지조차 모르고 있음을 입증하고 있다고 보나르는 말한다. 왜냐하면 사람들과의 관계에서 거래나 이득을 내세우는 한, 우정이 갖는 고귀한 성질을 결코 맛볼 수 없기 때문이다.

보나르에 따르면 참된 우정은 이해타산을 초월한다. 때로는 친구를 곤경에서 건져 내기 위해 전 재산이나 목숨까지 던지기도 한다. 이런 경우에도 그는 이 모든 일을 곧 잊는다. 그뿐만 아니라 도움을 받은 상대편에 대해서도 이를 완전히 잊을 것을 요구한다. 그는 친구의 성공을 진심으로 기뻐한다. 우정이 이렇듯 숭고한 것이라니! 친구를 위해 목숨을 버리면 이에서 더 큰 사랑이 없다던 예수의 말씀이 떠오른다.

두 친구가 석양을 바라보면서 걷고 있다. 길게 드리워진 두 그림자에는 어떤 종류의 우정이 깃들어 있을까.

두 그림자

시인 단테(1265~1321)는 《신곡》에서 지옥, 연옥, 천국을 거치면서 수많은 인물들을 만난다. 모든 인물들은(시인에게는 보이는 존재들이지만) 원칙적으로 몸이 없기에 볼 수 없는 존재들이다. 그들은 신체를 가진 모습으로 나타나지만 실은 영혼이며 그림자다.

〈연옥편〉2곡(74~77)에서 한 그림자가 나타나 반가운 나머지 단테를 껴안으려 하고, 단테 역시 그를 끌어안으려고 한다. 하지만 시인의 팔은 허공을 휘저으며 아무것도 잡을 수 없다.

"아, 겉모습 말고는 공허한 영혼들이여 / 그를 세 번이나 껴안으려 했지만 / 그때마다 손은 내 가슴으로 되돌아왔다"

〈연옥편〉3곡(16~30)에도 그림자 얘기가 나온다. 스승이자 안내자인 베르길리우스와 단테는 태양을 등지고 나란히 걷고 있다. 당연히

2010년 12월, 대전

두 사람의 그림자는 그들 앞에 드리우게 된다. 단테는 자기 그림자는 보이는데 베르길리우스의 그림자는 보이지 않는다는 것을 깨닫고 소스라치게 놀란다.

"우리 뒤에서 붉게 타오르는 태양은 / 내 몸이 그 빛줄기를 막았기 때문에 / 내 앞의 바닥에서 부서졌다 / 나는 오직 내 앞에만 그림자가 드리워진 것을 보고 / 혹시 혼자 남은 것이 아닌지 두려워 /재빨리 옆을 돌아보았다"

단테가 두려워하는 모습을 본 베르길리우스는 설명한다. 자신의 물리적 신체는 다른 곳(지상)에 묻혀 있으며, 투명한 영혼은 태양빛을 통과시키므로 그림자도 생기지 않는다고.

"나의 위안이신 그분이 나를 보며 말했다 / 왜 아직도 믿지 못하느냐? / 내가 너와 함께 있으며 널 인도하지 않느냐? / 지금 내 앞에 아무런 그림자가 없더라도 / 놀랄 필요는 없다"

베르길리우스(기원전 70~19)는 단테보다 1300년 앞서 살았던 로마의 시인이다. 그의 영혼이 단테를 이끌어 지옥과 연옥을 안내하고 있는 것이다. 단테는 그림자야말로 살아 있는 사람의 징표임을 새삼 깨닫는다. 그림자는 절대 없어서는 안 될 살아 있는 인간의 특질인 것이다.

두 그림자가 길게 드리워져 있다. 둘 다 살아 있다는 명백한 증거다. 살아 있음을 감사하자. 물론 사람답게 살아야 할 의무도 뒤따른다. 인간은 제분기製糞機가 아니기에.

빨강의 역사

19세기에 인공 염료가 발명되기 전까지 붉은 색깔을 내는 염료는 쉽게 구할 수 없었다. 고대 지중해 세계 동쪽 해안 레반트에 거점을 둔 페니키아인들은 페니키아 근해의 뿔고동에서 채취한 값비싼 자줏빛 염료를 지중해 각지에 수출해 큰 재미를 보았다. 색을 내기 어렵고 값이 비쌌기 때문에 붉은 옷감은 부유한 기득권층의 전유물이 됐다.

로마 공화정 시대에는 집정관이나 전쟁에 이기고 개선하는 장군들만이 자주색 망토를 착용할 수 있었다. 로마 제정帝政 이후 자주색은 황제 전용이 된다. 이 전통은 로마 멸망 이후 중세에도 이어져 자주색은 왕이나 귀족의 색으로 간주됐다.

빨간색은 고대로부터 귀한 염료였지만, 그중에서도 가장 귀한 색은 임페리얼 퍼플imperial purple이었다. '황제의 자주색'이라는 뜻의 이 색상은 범위가 넓어서 자주색뿐만 아니라 진한 주홍scarlet과 선홍색crimson까지도 포함한다. 고대 그리스, 로마 시대를 살았던 사람

2015년 겨울, 대전

들은 그 색에 대한 열망이 강했다. 염색업자가 옷 한 벌을 염색하는데 필요한 임페리얼 퍼플을 추출하려면 뿔고둥 수천 마리를 으깨야만 했기 때문에 임페리얼 퍼플은 대단히 비싼 염료였다.

로마 황제 디오클레티아누스(284~305)가 통치하던 시기에 임페리얼 퍼플로 염색한 최상품 옷감 1파운드(0.45kg)는 로마 은화 5만 데나리온의 가치가 있었다. 당시 석공의 하루 임금이 50데나리온이었으니 1000일치 임금을 합산한 것에 해당하는 금액이다.

비싼 가격 때문에 임페리얼 퍼플은 고대 그리스, 로마 세계에서 권력과 위신의 탁월한 상징이 됐다. 칼리굴라와 네로, 그리고 4세기 황제 통치하에서는 황실 사람들만 임페리얼 퍼플로 염색한 옷을 입을 수 있었다. 이런 전통은 그리스도교가 수용된 중세 유럽으로도 이어졌다. 1295년 교황은 추기경들에게 임페리얼 퍼플 색상의 옷을 입을 것을 선포했다. 이때부터 시작된 '추기경의 자주색' 전통은 가톨릭교회에서 오늘날에도 이어지고 있다.

흰 눈을 뒤집어쓴 빨간 장미가 한겨울의 추위에도 고고한 자태를 뽐내고 있다. 고귀한 빨강의 전통을 지키려는 '꽃의 제왕'다운 기백이다.

사브리나의 아버지

영화 〈사브리나〉를 기억하시는지. 빌리 와일더 감독이 1954년에 만든 로맨틱 드라마(오드리 헵번 주연)를 1995년 시드니 폴락 감독이 리메이크했다. 〈아웃 오브 아프리카〉의 연출자 시드니 폴락은 〈인디아나 존스〉의 톱스타 해리슨 포드와 〈가을의 전설〉 등으로 급부상한 줄리아 오몬드를 전격 캐스팅해 한 편의 아름다운 로맨틱 드라마를 완성했다.

일부 평론가들은 오드리 헵번이 맡았던 사브리나 역을 줄리아 오몬드에게 맡긴 것은 역사상 최악의 캐스팅이라면서 리메이크 작품을 혹평했다. 세기의 여우女優 오드리 헵번에 대한 흠모가 줄리아 오몬드에 대한 폄하로 이어졌으리라. 하지만 나는 '각별한 이유'로 원작보다는 리메이크 작품에 주목한다. 리메이크 작품에는 1954년 원작에서는 찾을 수 없는 인상적인 장면이 추가됐기 때문이다.

사브리나의 아버지 페어차일드는 부잣집 운전기사다. 영화에서

2005년 1월 대전

그는 딸 사브리나에게 옛 이야기를 털어놓으며 자신이 왜 자가용 운전기사로 취직했는지를 설명한다. 그가 젊은 날 직업 선택에서 고려한 조건은 오직 하나, '독서할 시간적 여유'를 많이 얻을 수 있는가 하는 것이었다. 영화에서도 그는 대부분 독서하는 모습으로 등장한다. 고용주가 살림집으로 내준 별채도 온통 책으로 가득하다. 부잣집 운전기사 일을 하면서 틈만 나면 책을 손에 드는 그의 모습은 무척 낯설고 신기하다. 한국 사회의 통념과 상식으로 보면 지극히 이질적이고 운전기사답지 않은(!) 모습이다. 리메이크 〈사브리나〉의 특별한 대목이다.

문득 궁금해진다. 한국 영화에서도 '독서할 시간적 여유'만을 직업 선택의 기준으로 삼는 페어차일드 같은 캐릭터를 설정할 수 있을까? 물론 가능하기는 할 것이다. 하지만 현실감, 즉 리얼리티가 뚝 떨어질 것이다. 책과 점점 멀어지고 있는 우리네 풍토에서는 대단히 어색하고 부자연스러운 설정일 것이기 때문이다.

　　사진은 2005년 대전의 헌책방 모습. 그러나 지금은 사라지고 없다. 한때 신간을 먼저 읽으려는 학생들로 북새통을 이루던 대학가 서점들도 폐업 위기로 내몰리고 있다. 더 이상 우리에게 어울리지 않는 부자연스러운 풍경이기에.

거미 인생

덴마크 철학자 키에르케고르는 인간을 세 가지 유형으로 구분한다. '거미형', '개미형', '나비형' 인간이 있다는 것이다. 거미는 제 몸에서 실을 뽑아 그물을 치고, 조용히 앉아 걸리는 곤충들을 잡아먹고 산다. 개미는 하루 종일 활동하면서 먹을 것을 물어 집에 저장한다. 한편 나비는 한 곳에 머무르는 법 없이 이 꽃 저 꽃으로 전전하면서 꽃가루를 모아 꿀로 변화시킨다.

나비형 인간은 젊다. 한 곳에 안주하거나 저장하는 일 따위에는 관심이 없고 꽃에서 꽃가루를 얻음과 동시에 마치 그로부터 탈출이라도 하듯이 계속 새로운 목표로 옮아가면서 자신을 형성해 나아간다. 젊은 세대는 잃을 것도 굳이 뭔가를 저장할 욕심도 없기 때문에 언제나 낡은 것을 벗고 새것을 향해 나아갈 용기가 있다.

개미형 인간은 부지런하다. 중년이 되면 열심히 활동해 돈과 지위와 지식과 권력을 긁어모은다. 그에게는 오직 모으는 행위 그 자체

2007년 전북 삼례

가 중요하다.

그러다 나이를 더 먹으면 많은 사람이 대체로 거미형이 된다. 젊은 날 손에 넣은 지식이나 돈, 지위를 거미줄처럼 늘어놓고 거기에 걸리는 것을 먹고산다.

이상과 열정이 넘치던 나비 청년은 중년이 되면 개미처럼 활동은 있으되 꿈이 없는 현실주의자가 된다. 그러다 늙으면 보수적인 거미가 돼 탐욕스럽게 그물에 걸리는 것에만 관심을 쏟는다. 작고한 신학자 안병무 교수(1922~1996)는 개미형, 거미형, 나비형을 영어로 'Doing', 'Being', 'Becoming'이라고 각각 번역한 적이 있다.

그러나 세대 차이가 꼭 나이에 따라 나누어지는 것은 아니다. 사무엘 울만은 그의 시 〈청춘〉에서 나이는 숫자에 불과하다고 말한다.

"청춘이란 인생의 어느 기간을 말하는 것이 아니라 / 마음의 상태를 말한다. / 때로는 이십 세 청년보다 육십 세 된 사람에게 청춘이 있다. / 나이를 먹는다고 늙는 것이 아니다. / 이상을 잃어버릴 때 비로소 늙는 것이다."

이 나라의 권력자와 정책 결정자들이 그들 자신을 변화시킬뿐더러 조국의 현실까지 변화시킬 수 있는 나비형 인간들이라면 우리는 복 받은 국민일 것이다.

고택古宅 뒷마당 양지바른 곳에서 거미 한 마리가 빈들거리며 기회를 노리고 있다. 집이야 무너지건 말건 관심도 없이.

인생의 봄

청춘은 인생의 봄이다. 자아에 눈뜨고 열정을 불태우는 시기다. 이성을 사랑하기도 하지만, 진정한 스승을 만나 영혼의 고양을 추구하는 젊음도 있다. 스승 괴테를 만나 내적 향상과 완성의 열정을 불태운 인물 에커만J. P. Eckermann(1792~1854)이 대표 사례다.

가난한 청년 에커만은 24살 때 괴테의 이름을 처음 듣고 시집 한 권을 샀다. 괴테의 시를 읽고 또 읽으면서 말할 수 없는 행복에 젖었다. 경탄과 애정이 날마다 자라났고, 1년 내내 그의 작품에 빠져 있었으며, 괴테 이외의 것은 생각하지도 말하지도 않았다.

대학에 진학할 형편이 못 되었지만 다행히 그를 돕겠다는 부유한 후원자들이 곁에 있었다. 그들은 에커만이 '돈이 되는 학문'을 하겠다면 돕겠다고 약속했다. 에커만은 처음엔 거절했지만, 다음 순간 세상의 압도적인 대세에 순응하기로 했다. 생계를 위한 학문으로 법률 공부를 택했다.

2009년 4월 전북 삼례

그러나 대학에서 법학 강의를 들으면서도 그의 마음은 언제나 옆길로 새고 있었다. 그의 영혼을 온통 사로잡고 있던 것은 문학과 예술, 그리고 더 높은 인간적 향상이었다. 마침내 2학년 때 법률 공부를 그만둔다. 괴테를 찾기로 한다. 괴테는 그가 진정으로 신뢰하는 인도引導의 별로 날마다 우러러보는 인물이었다. 괴테를 향한 그의 사랑과 존경심은 뜨거웠다.

마침내 1823년 괴테의 자택을 방문한다. 31살 청년과 74세 대가의 첫 만남이었다. 괴테의 풍모는 압도적이었지만, 다정하게 건네준 말 덕분에 서먹서먹한 분위기는 순식간에 사라진다. 괴테가 자택 옆에 마련해 준 거처에 머물면서 에커만은 스승의 임종까지 9년간 제자이자 친구, 비서로 곁에 남는다.

에커만은 괴테의 곁에 있는 것만으로도 말할 수 없이 유쾌하고 편안해진다. 그는 자신의 영혼이 송두리째 그에게 바쳐졌다는 느낌이 든다. 진정한 대가, 위대한 스승을 만날 때의 행복을 마음속 깊이 깨닫는다. 괴테가 한마디 말도 하지 않아도, 그와 가까이 있는 것만으로도 자신의 교양이 높아지는 것을 느낀다. 이야말로 축복받은 인생의 봄이 아닌가.

손에 책을 든 노신사가 장터에서 화사한 봄꽃을 감상하고 있다. 이 순간 그의 내면에는 어떤 '인생의 봄'이 스쳐 가고 있을까.

톰 소여의 페인트칠

—
2015년 봄, 전북 삼례

마크 트웨인의 소설 《톰 소여의 모험》. 톰은 밤늦도록 놀다가 창문을 통해 몰래 방으로 기어들어 가던 중 폴리 이모에게 딱 걸린다. 다음날은 토요일. 화창한 휴일 톰은 높이 3미터에 길이 30미터나 되는 담장에 페인트칠을 하는 벌을 받는다.

한숨을 길게 내쉰 톰은 붓을 페인트통에 담갔다가 꺼내 담장에 칠한다. 한참을 칠한 다음, 방금 칠한 부분과 앞으로 새로 칠해야 할 대륙처럼 광활한 나머지 부분을 비교한다. 산다는 것이 괴롭고 팍팍하기만 하다.

톰이 낙담하고 있을 때, 멀리서 벤 로저스가 사과를 맛있게 먹으면서 온다. 저만치서 벤이 톰을 보고 놀린다. "야! 너 정말 딱하게 됐구나!" 그러나 톰은 시침 뚝 떼고 아무런 대꾸도 하지 않는다. 마치 화가처럼, 칠한 부분을 살펴보면서 세심하게 덧칠을 한다. 벤이 톰 옆으로 가까이 온다. 톰은 벤의 사과가 먹고 싶어 입에 침이 고였지만 꾹 참고 일에 몰두하는 척한다.

벤이 말한다. "저런, 너 지금 일해야 하는 거야?" 그제야 톰은 고개를 휙 돌리며 대꾸한다. "야, 벤이로구나! 네가 오는 걸 못 봤어." "어때? 지금 헤엄치러 가는 중인데 함께 가고 싶지 않니? 하지만 너는 일을 해야겠지?" 톰은 잠시 벤을 빤히 쳐다보다가 말한다. "일이라니? 뭐가?" 벤은 "그럼 이게 일이 아니고 뭐야?"라고 대꾸한다.

톰은 다시 칠을 하면서 아무렇지도 않은 듯 대답한다. "아이들에게 담장에 페인트칠할 흥미로운 기회가 날마다 있는 줄 아니?" 톰은 화가처럼 잔뜩 멋을 부려 가며 몇 발짝 뒤로 물러서서 칠한 것을 지긋이 바라보고 다시 덧칠을 한다. 벤이 사과를 베어 먹던 동작을 멈춘다. 부럽다. 자기도 해 보고 싶다는 생각이 굴뚝같아진다. "톰 나도 좀 해 보자." "안 돼! 이 일을 제대로 할 수 있는 아이는 아마 천에 하나 있을까 말까 할 걸."

"정말이니? 한번만 하게 해 줘. 이 사과 몽땅 다 줄게." 톰은 못 이기는 척 붓을 넘겨준다. 벤이 뙤약볕 아래 땀을 뻘뻘 흘리며 칠하는 동안, 톰은 그늘에 걸터앉아 맛있게 사과를 먹는다.

'호지자불여락지자好之者不如樂之者'. 공자 말씀이다. 즐기는 사람이 좋아하는 사람보다 낫다는 뜻. 벤처럼 즐기며 일하는 삶이 최고 아닐까.

고독한 백기사

바로크 시대는 16세기에 시작해 18세기까지 계속된다. 절정기는 1650년쯤이다. 바로크는 르네상스처럼 인간을 이상화하지 않는다. 인간을 있는 그대로, 원죄로 인해 일그러진('바로크'한) 존재로 그린다. '바로크'는 포르투갈어의 바호쿠(barroco·비뚤어진 모양의 진주)에서 왔다. '거칠고 조야粗野하다'는 뜻이다.

바로크의 특징은 사상과 감정의 영역 안에서 작용하는 두 자극磁極으로 표현할 수 있다. 대립과 극단 속에서 회의하고 고뇌하는 모습이다. 무가치한 존재라는 자기 비하와 새롭게 얻은 막강한 힘에 대한 자부심, 두 극단을 오르내린다. 조울증과 흡사하다. 무엇이 이런 변화를 가져왔는가? 유럽인들이 근대 초기에 겪었던 낯선 경험 때문이다.

바로크 양식을 등장시킨 폭발력은 부분적으로는 '우주적'이었고, 부분적으로는 '사회적'이었다. '우주적'인 폭발력은 코페르니쿠스

2015년 봄, 대전

의 지동설이 제공했다. 지구 중심적인 천동설의 우주관에서 누리던 편안함은 사라지고, 광대무변한 우주 속의 먼지처럼 보잘것없는 고독한 인간이라는 개념이 자리잡았다. 그와 더불어 새로운 과학을 통해 얻어진 막강한 힘에 대한 의식이 고개를 쳐들었다. 인간은 자연법칙을 인식함으로써 자연에 대한 지배력을 확장할 수 있었다. 이처럼 바로크는 무기력과 막강함의 양극적 감정을 동시에 느낀다.

그 폭발력은 또한 '사회적'인 것이었다. 화약과 대포의 등장으로 봉건 영주들은 더 이상 돌로 쌓은 성벽 안에서 독립성을 유지할 수 없게 됐다. 지역적 권력과 자부심을 든든히 지켜 주던 보루가 힘없이 무너진 후, 새로이 등장한 막강한 중앙집권적인 왕권 앞에서 철저한 무력감이 귀족들을 사로잡았다. 고독과 소외와 절망이라는 새로운 느낌이 엄습했다. 귀족계급의 몰락과 더불어 강력한 왕권을 배경으로 국민적 군주국가가 성립했다.

바로크 양식은 그러한 심각한 양극성을 바탕으로 등장했다. 국왕의 막강한 권력과 몰락한 귀족의 무기력, 이 두 경험이 바로크 시대 유럽인들이 주변 세계에 대해 보인 새로운 반응의 핵심이었다.

담장 위에 엎드린 백구는 몰락한 백기사다. 뭇 행인의 웃음거리로 전락했다. 성벽 안에서 누리던 독립성을 잃고 소외와 절망에 빠진 채 '바로크적 고독'에 신음하는 봉건귀족이다.

소드 라인

극한 몸싸움과 막말이 오가는 '난장 국회'로 정치권이 요동치는 모습은 어제오늘의 일이 아니다. 의회정치가 태동한 이래 의회 내 물리적 충돌은 세계 각국에서 일어났다. 하지만 정치가 성숙하면서 선진국에서는 더 이상 찾아볼 수 없는 현상이 됐다.

영국의 하원 의사당은 구조가 특이하다. 여야가 마주 보고 앉게 돼 있다. 의장석에서 보아 오른쪽이 여당석, 왼쪽이 야당석이다. 다섯 줄의 긴 벤치가 경기장 스탠드처럼 상대를 마주 보고 있다. 여야의 대결과 토론에 편리한 구조다. 한국, 일본, 미국, 프랑스 등의 의회가 의장석을 향해 반원형으로 앉아 있는 구조인데 비해 영국 의회는 의장 앞에 여야가 대립해 앉아 있는 형국이다.

여야 양당 사이에는 두 줄의 빨간색 '소드 라인Sword Line'이 그어져 있다. 우리말로 옮기면 '검선劍線'이다. 여야 의원은 서로 이 선을 넘지 못한다. 양쪽에 서서 칼을 휘둘러도 닿지 않는 거리인 2.5m 너비

2015년 봄, 대전

라고 한다. 긴 칼을 휘둘러도 상대방에게 물리적 위해를 가할 수 없도록 간격을 뒀다고 해서 '검선'이다.

영국이 의회정치가 태동한 나라이긴 하나 초기에는 의원들 사이에 폭력 사태가 매우 잦았다. 의원들 가운데 기사 출신이 많아서 의견이 충돌하면 의사당에서 칼부림까지 나곤 했다. 서로 가까이 앉아 치열한 논쟁을 벌이다 보니 말로 안 되면 주먹과 칼이 나갔던 것이다. 그래서 이를 방지하기 위해 어떤 싸움이 나더라도 절대 넘어가면 안 되는 선, 빨간 줄을 두 개 그어 놓고 그것을 넘지 않기로 한 것이다.

지금도 영국 의회에서는 이 소드 라인을 사이에 두고 여야 대표들이 나와 연설을 주고받으며 끝장토론을 벌인다. 간혹 여야 간 공방이 격화돼 분위기가 소란스러워져도 의장이 "질서"를 두어 번 외치면 이내 수습된다. 뜨거운 공방과 야유, 조소가 오가지만 물리적 폭력이 동원되는 경우는 없다.

골목길에서 마주친 고양이 두 마리가 노려보며 으르렁거리고 있다. 금방이라도 상대를 덮칠 것처럼 보이지만, 둘은 보이지 않는 '소드 라인'을 넘지 않고 슬그머니 뒤로 물러나 제 갈 길을 떠난다. 동물에게서도 배울 점이 있다. 21세기에 동물만도 못한 국회는 부끄럽지 않은가.

5월의 어린이들

1828년 독일 문호 괴테는 영국과 독일 어린이들을 비교한다. 17세기 명예혁명과 18세기 산업혁명을 거쳐 1815년 워털루 전투에서 나폴레옹 군대를 격파하고 승승장구하던 당시 영국의 어린이와, 권위주의에 주눅이 든 독일 어린이에 대한 날카로운 비교 관찰이다.

"영국 사람은 대체로 다른 국민보다 우수해 보이네. 17세 어린 나이에 이곳에 오는 사람도 있는데, 낯선 독일 땅에서 조금도 어색해하거나 당황하는 일이 없단 말일세. 사교 모임에 참석한 그들의 행동거지는 자신감에 차 있고 또 의젓하기도 해서, 마치 어디를 가나 자기들이 주인이고 온 세계는 당연히 그들의 것이 아니겠느냐는 태도라네. 바로 그 점 때문에 그들이 우리 독일 여성에게 인기가 있고, 우리 젊은 숙녀들이 자주 마음의 상처를 입게 된다네.

2012년 5월, 대전

그들에게는 일그러지거나 뒤틀린 데가 없어. 그들은 인간으로서 완벽해. 개인의 자유와 행복, 영국의 명성에 대한 자각, 그리고 다른 나라 사람과 함께 있을 때 그들에게 주어지는 중요한 비중 등에 그들은 이미 어린 시절부터 익숙해 있지. 우리 독일인보다도 가정생활에서나 학교생활에서나 훨씬 더 소중한 대우를 받고 또 훨씬 더 행복하고 자유롭게 살아간다네."

괴테는 이어 독일 어린이들에 대해 말한다.

"독일의 사정이 어떤가를 알려면, 창문 밖을 잠시 내다보면 되네. 얼마 전 눈이 와서 아이들이 거리로 나와 썰매를 타려고 하는데, 그 순간 순경이 달려오더군. 가엾은 아이들은 걸음아 나 살려라 하고 도망쳐 버렸지. 이 나라에서는 사랑스러운 아이들을 일찌감치 길들이겠다는 명목으로 모든 자연성이나 독창성이나 야성을 몰아내기 때문에 그 결과 속물 밖에는 남지 않게 되는 거네."

괴테는 자택을 방문하는 독일 청년들의 모습을 개탄한다.

"근시에다 얼굴은 창백하고 가슴은 움푹 들어가서 청춘의 청靑자도 모르는 젊음, 오로지 이념에 푹 절어 고차적 사변에만 흥미를 느끼는 모습이네. 이십대에도 젊지 않았으니 사십대에 어떻게 젊어질 수 있겠나."

5월이면 골목이 떠나가도록 웃으며 뛰어노는 아이들의 눈부신 모습에서 우리 사회의 찬란한 앞날을 본다.

나는 누구인가

전남 해남에서 농사를 짓고 사는 심복례(79) 씨의 남편 김인태 씨는 1980년 5월 20일 광주교도소 부근에서 사망했다(당시 47살). 큰아들의 밀린 하숙비 7만 5천 원을 내기 위해 광주에 갔다가 계엄군의 진압봉에 맞아 죽은 것이다.

남편이 광주 다녀온다고 떠난 지 한참 지나서 광주시청에서 전화로 사망 소식이 왔다. 밭에 거름을 주러 갔는데 마을회관에서 스피커 방송이 나왔다. 얼른 마을회관으로 오라는 것이었다. '김인태 사망'이라는 소식이었다. 마른하늘에 날벼락이었다. 남편의 사망 소식을 듣고 심씨는 그 자리에서 털썩 주저앉았다.

전화 받은 다음날 애들 새벽밥을 해 먹이고 서둘러 광주로 향했다. 해남에서 똑딱선 배를 타고 목포로 간 다음 차편으로 광주시청에 갔다. 시청에서는 망월동으로 안내했다. 남편의 관에는 태극기가 덮여 있었다. 당시 심씨 나이는 40살. 아들 넷과 딸 둘을 남겨 두고

2014년, 전북 삼례

남편은 떠났다. 하늘이 무너졌다.

　망월동에서 남편의 죽음을 애통해하고 있을 때 누군가 사진을 찍었던 모양이다. 극우 논객 지만원은 1980년 광주에서 찍힌 사진 속의 심씨를 지목해 '139번 광수'(5·18 당시 광주에 침투한 북한 특수군 부대원)로 이름 붙이고, 김정일의 첫째 부인 홍일천이라고 주장했다. 육남매를 키우며 고단한 삶을 살던 양민에게 간첩 누명을 씌운 것이다.

　2015년 10월 20일 심씨는 5·18민주화운동 당사자 4명과 함께 지씨를 '허위사실 유포와 명예훼손 혐의'로 광주지검에 고소했다. 심씨는 2018년 10월 25일 서울중앙지방법원에서 열린 지씨의 여덟 번째 공판에 참석해 증인신문을 진행했다. 심씨는 재판 참석차 서울로 가기 전부터 분이 치민 나머지 입안이 헐 정도였다. 법정에서 심씨는 분노에 치를 떨며 "신분 확인을 하고 나를 간첩으로 만들어 놓은 거냐?"고 물었으나 지씨는 아무런 답변도 하지 못했다.

정치적 목적으로 무고한 시민을 간첩으로 몰아세우는 악랄한 시절이 있었다. 내가 나 아닌 엉뚱한 인물로 규정당할 때의 당혹감을 무어라 표현할 수 있을까.

달리던 청년이 벽에 비친 그림자를 보고 흠칫 놀란다. 나는 누구인가?

시간은 달린다

꽤 오래전 일이다. 철도청(현 철도공사)에서 추억 관광 상품으로 증기기관차를 운행하려 했으나 국내에 한 대도 남아 있지 않은 것을 확인하고, 중국에서 중고 기관차를 수입했다는 기사를 접한 적이 있다. 디젤기관차 시대를 지나 KTX, SRT 등 고속열차가 일반화한 오늘날에도 증기기관차는 옛 시절을 일깨워 주는 추억의 대상이다.

연배가 있는 세대는 기억할 것이다. 에어컨이 없던 그 시절 여름에는 열차의 객실 창문을 열고 달렸다. 객실 천장에는 선풍기들이 빙글빙글 돌아가고 있었다. 창문을 연 채로 터널 몇 군데를 거쳐 목적지에 도착하면 코밑이 새까맣게 그을리곤 했다. 실내로 유입된 석탄 연기 때문이다. 연기를 뿜으며 칙칙폭폭 달리던 증기기관차는 이제 아련한 추억의 대상이다. 철도공사 고객센터 대표번호 1544-7788도 '칙칙폭폭'에서 따왔다.

하지만 기차가 처음 등장한 19세기 유럽에선 반응이 사뭇 달랐

2011년 6월, 충남 연산

다. 당시 사람들에게 증기기관차는 두려운 이미지였다. 시커먼 연기를 뿜고 괴성을 지르며 들판을 가로지르는 증기기관차는 '녹색의 정원'에 난입한 '악마'와도 같은 존재였다. 수천 년 동안 농경사회에서 살던 인류는 갑자기 밀어닥친 산업혁명과 공업화의 파도에 미처 적응할 겨를이 없었다.

이렇듯 200년 전만 해도 부정적인 이미지였던 증기기관차가 지금은 긍정적인 이미지로 변했다. 같은 사물에 대한 관점이 정반대로 바뀐 것이다.

오늘의 우리는 공화정에 아무런 이질감을 느끼지 않는다. 하지만 왕권신수설이 공공연히 주장되던 17세기 유럽에서 공화주의란 국왕 살해를 획책하던 반역자들의 급진 과격 사상이었다. 왕을 신의 대리인으로 간주하던 그 시절에 공화주의는 끔찍한 신성모독이기도 했다. 20세기 후반 냉전시대에 사회주의를 급진 과격 사상으로 낙인찍던 세태와 흡사하다. 하지만 오늘날 미국에서 공화당은 오히려 보수 정당의 대명사다. 이미지의 180도 전환이다.

증기기관차 시대는 디젤기관차 시대를 거쳐 고속열차 시대로 접어들었다. 모내기가 끝난 들판을 고속열차가 질주한다. 숨 가쁘게 달려온 세월이다. 우리 다음에는 어떤 세상이 올까? '은하철도 999호'를 타고 우주로 날아갈까?

늙음에 관하여

바야흐로 고령 사회다. 로마 철학자 키케로(기원전 106~43)는 《노년에 관하여》에서 어떻게 해야 잘 늙을 수 있는지 설명한다. 키케로가 이 책에서 말하는 주제는 '늙음'과 '죽음'이다.

노년에 들어 쉽사리 속고 건망증이 심해지며 조심성을 잃는 노인들이 있다. 하지만 키케로는 이런 결점이 늙어서 생기는 결점은 아니라고 지적한다. 지혜로운 인간과 우매한 인간이 나뉘는 것은 나이와는 아무 상관이 없는 것이어서, 젊은이 중에도 예의 바르고 자제력 있는 사람이 있는가 하면, 무례하고 욕망에 사로잡힌 사람이 있다는 것이다.

키케로에 의하면, 분별 있는 젊은 시절을 보낸 이에게는 지혜로운 노년이 오고, 욕망에 사로잡힌 젊음을 보낸 이에게는 흐리멍덩한 노년이 오게 된다.

2005년 6월, 대전

"바보들은 젊은 날의 악덕과 결점을 노년까지 그대로 끌고 간다."

반듯한 자제력은 젊은 날부터 키워야 한다는 말이다.

키케로의 글은 '죽음'으로 접어 들어간다. '늙음'을 논한 다음 '죽음'을 말하는 것은 매우 자연스럽다. 그는 "만일 죽음과 더불어 영혼이 완전히 사라진다면 죽음은 무시해야 하고, 죽음이 영혼을 영생으로 이끌어간다면 죽음은 오히려 간절히 열망해야 할 일"이라고 말한다. 언뜻 보기에 죽음 이후에 대해 두 가지 가능성(절멸과 불멸)을 다 열어두고 있는 것처럼 보이지만, 궁극적으로 키케로는 영혼 불멸 쪽에 기울고 있다.

키케로는 지상에서의 삶을 덕스럽게 살았다면 죽는 날은 두려움의 날이 아니라, 정화된 영혼이 하늘로 되돌아갈 수 있는 영광의 날이라고 말한다. 이 지상의 삶을 덕스럽게 살아낸 자에게는 삶이 고통이고, 오히려 죽음의 날이 영광의 날이라는 것이다. 반듯한 인생을 살다가 영광스러운 죽음의 날을 맞이하자는 게 키케로의 충고다. 젊어서부터 항심恒心을 지키며 제대로 살자는 말이다.

지하철 등 공공장소에서 노인들이 벌이는 무례와 추태가 많은 이들의 빈축을 사곤 한다. '노인'은 많아도 '원로元老'는 찾아보기 힘든 세월이다. 잘 늙어가는 일이 지금처럼 중요한 시대도 없을 것이다. 백발의 두 어르신 뒷모습이 정갈하다.

고독의 힘

19세기 미국 사상가 랠프 월도 에머슨은 위대한 인물의 특징을 이렇게 말한다.

"항상 여론을 좇아서 사는 것도 쉬운 일이며, 또한 고독한 가운데서 자기 생각대로 사는 것도 쉬운 일이다. 그러나 위대한 인물은 대중의 한가운데 살면서도 고독에서 지닐 수 있는 독립성을 좋은 기분으로 지킬 수 있는 사람이다."

이성을 잃고 집단적 광기에 휩쓸리기 좋아하는 무리들은 이해하기 어려운 말일지도 모르겠다.

영국 극작가 조지 버나드 쇼도 고독의 힘이 위대하다고 말한다. 희곡《잔 다르크》제5막에서 영국군의 포로가 된 프랑스 애국 소녀 잔 다르크는 고문하는 영국 검찰관에게 말한다.

2018년 7월, 전북 삼례

"내가 홀로 있다는 사실을 내게 말함으로써 나를 겁줄 수 있다고 생각하지 말라. 프랑스도 홀로 있고, 하느님도 홀로 계시다. 그리고 나의 조국과 나의 하느님의 고독에 비하면 나의 고독이란 무엇이겠는가. 나는 이제 하느님의 고독이야말로 하느님의 힘이라는 것을 안다. 자, 나의 고독 역시 나의 힘이 될 것이다. 하느님과 더불어 홀로 있는 편이 훨씬 낫다. 하느님의 우정도, 하느님의 충고도, 하느님의 사랑도 내게서 떠나지 않을 것이다. 하느님의 능력 안에서 나는 더욱더 담대하게, 담대하게 맞서 싸울 것이다. 죽는 그 순간까지."

독일의 시인이자 극작가인 프리드리히 실러는 "용사는 홀로 있을 때 가장 강하다"고 말한다. 그러나 신약성서에서 사탄은 항상 군대 legion로 무리 지어 다닌다(〈마가복음〉 5장 9절).

그리스 신화에 등장하는 거인 안타이오스는 대지의 여신 테라의 아들이다. 그는 그의 발이 어머니인 대지에 닿아 있는 한 문자 그대로 천하무적이었다. 헤라클레스가 그와 대결하게 됐을 때 헤라클레스는 꾀를 내어 그를 번쩍 들어 공중에서 목을 졸라 죽여 버렸다. 발이 땅에서 떨어진 안타이오스는 썩은 통나무같이 무력했다. 인간도 독립된 인격으로서 두 발로 대지를 딛고 설 때 비로소 진정한 힘을, 그리고 진정한 지혜와 통찰을 얻을 수 있을 것이다.

　　들판 한가운데 앉아 단독자로서 우주를 마주하고 있는 농부에게서 고독의 힘이 느껴지지 않는가.

천재의 조건

영화 〈굿 윌 헌팅〉은 수학 천재 이야기다. 보스턴 빈민가의 노동자인 20살 청년 윌 헌팅(맷 데이먼 분)은 난해한 수학 문제를 푸는 게 취미다. 윌은 매사추세츠공대MIT에서 청소부로 일한다.

이 대학 수학과 교수이자 세계적인 수학자인 램보 교수는 학생들을 시험하기 위해 교실 밖 복도 게시판에 난해한 수학 문제를 출제한다.

어느 날 누군가가 정답을 칠판에 쓴다. 캠퍼스 전체가 술렁거린다. 다들 누군지 궁금해하지만 알 길이 없다. 어느 날 램보 교수가 복도에서 수학 문제를 풀고 있는 윌을 목격한다. MIT 수학과 교수들도 못 푸는 문제를 애들 장난처럼 쉽게 풀어내는 천재 수학자를 발견하는 순간이었다.

물론 영화는 허구다. 하지만 수학, 음악, 체스(바둑)에서는 이런 천재가 종종 등장한다. 대부분의 분야는 나이가 들수록 기량이 향상

2005년 여름, 대전

되는 데 반해 이 세 분야에는 항상 신동神童이 출현한다. 나이는 오히려 장애물이다. 15살에 스승 조훈현을 꺾고 정상에 오른 바둑 천재 이창호, 12살에 삼각형 내각의 합이 180도임을 혼자 깨친 파스칼, 5살 때부터 작곡을 시작한 모차르트 등이 떠오른다. 이 세 분야는 '일상생활의 경험'을 겪기 이전의 동심童心이 어른의 경험을 능가하곤 한다. 어린 나이가 천재의 조건인 셈이다.

2019년 여름, 세계적 체스 거장이 대회 도중 화장실에서 스마트폰으로 부정행위를 하다 현장에서 적발돼 화제가 되었다(〈서울신문〉 7월 14일자). 만 58살인 이고스 라우시스는 1992년에 연맹의 최상위 선수 칭호인 그랜드마스터 타이틀을 거머쥐었다. 구 소련에서 태어난 라우시스는 라트비아, 방글라데시 대표를 거쳐, 2019년 당시 체코를 대표하고 있었다.

체스는 30대 이후에는 기량 성장이 사실상 불가능하다고 여겨질

만큼 젊은 두뇌 스포츠다. 그런 분야에서 60을 바라보는 선수가 프랑스 파리 스트라스부르 오픈에서 경기 도중에 부정행위를 저지르다 연맹 관계자에게 적발된 것이다. 연맹은 라우시스의 경기를 몰수패 처리하고 모든 자료는 윤리위원회에 제출했으며, 프랑스 경찰에 신고했다. 왕년의 천재가 부정행위로 늙음을 버티려다 무너진 사건이지만, 천재의 조건이 무엇인지 확인시켜 준 사건이기도 하다.

2005년 여름에 만난 이 유쾌한 아이들도 천재라 부르고 싶다. 보는 이에게 순수한 기쁨을 안겨주는, 어른들이 결코 흉내 낼 수 없는 비범한 능력자들이기에.

'차이'를 뛰어넘은 우정

단 한 번도 전쟁에서 패한 적이 없는 알렉산드로스(기원전 356~323). 그러나 그는 군사적 천재에 그치지 않는다. 만민의 평등과 협조에 바탕을 둔 보편주의야말로 그의 업적의 진정한 역사적 의의다. 그의 비전은 오늘날에도 수많은 사람에게 영감을 주고 있다.

알렉산드로스는 13살 때부터 스승 아리스토텔레스의 가르침을 받았다. 감수성 예민한 사춘기의 3년 동안 그는 그리스적인 관점에 깊이 젖어들었다. 아리스토텔레스는 모든 야만인(그리스인이 아닌 사람), 특히 아시아인은 타고난 노예라고 가르쳤다. 고대 그리스의 전형적 특징이다.

하지만 알렉산드로스는 그리스인의 편견과 스승의 한계를 뛰어넘은 청출어람靑出於藍의 제자였다. 물론 그도 처음에는 편견을 갖고 있었다. 그러나 전쟁터 등에서 '야만인들'과 접촉할 기회를 가지면서 그리스인이 과연 그들보다 우월한지 시험해 볼 수 있었다. 이 경험을

2017년 파리 에펠탑 매표소

통해 그는 모든 사람이 본질적으로 동일하다는 확신을 하게 됐다.

기원전 329년 박트리아로 진군할 때 그는 대규모의 아시아인을 원정 주력군으로 충원했다. 그는 아시아 여성 록사나와 결혼을 했고, 1만 명의 병사들에게도 아시아 출신 아내를 얻게 했다. 알렉산드로스 사후 시작된 헬레니즘 시대에는 동부 지중해의 거대한 세계가 하나로 통합되는 놀라운 일이 벌어졌다. 알렉산드로스의 사상은 인류 정신사에서 혁명적 의미가 있다. 이 사상은 맨 먼저 스토아 철학 창시자 제논(기원전 335~263년)에게 흘러들어가 인류가 형제임을 가르쳤고, 그 후 사도 바울에게 채택돼 기독교로 흡수됐다. 알렉산드로스가 세계 종교의 사상적 기반을 마련한 셈이다.

2019년 여름, 일본 사가현의 학생과 인솔 교사 등 39명이 2019 국제청소년예술축제에 참석하기 위해 한일 냉기류를 무릅쓰고 8월 2일 부산항으로 입국했다. 한국·일본·인도 청소년 200명이 미술로 소통하고 한국 문화를 체험하는 행사다. 이런 귀한 우정은 끝까지 지켜야 한다. 아베 정권 몰락 이후 한일 우호 친선을 책임질 선량한 일본 시민들이기 때문이다. 일시적으로 한일 관계가 악화될 수는 있다. 그러나 선량한 일본 시민과의 연대와 평화는 언젠가는 반드시 회복되어야 한다.

파리 에펠탑에서 만난 어린이들의 얼굴에 '세계'가 보인다. '차이'를 뛰어넘은 그들의 우정과 연대는 인류의 희망이다.

2009년 8월, 전남 보길도

체르노빌, 후쿠시마, 우리 아이들

5부작 드라마 〈체르노빌〉을 봤다. 미국 HBO에서 제작한 미니시리즈다. 전 세계 각종 매체와 시청자들의 극찬을 받은 이 드라마는 고증이 거의 완벽하다는 평가를 받았다. 구소련 체르노빌에서 1986년 4월 26일 있었던 원전 폭발 사고를 다룬 이 드라마는 사건의 전개 과정과 피폭자들의 참혹한 모습을 여과 없이 보여 준다.

진실을 밝히려는 과학자들의 투쟁도 존경스럽지만, 노심의 완전 용해를 막고자 투입된 광부 400명의 헌신도 감동적이다. 방사선 피폭으로 그들 중 100명 이상이 40살을 못 넘기고 죽었다고 한다. 그들이 실패했더라면 방사능이 지하수와 강을 타고 흘러가 흑해가 오염됐을 것이다. 흑해는 지중해로 흐른다. 지중해 주변의 유럽, 아시아, 아프리카 주민들이 큰 피해를 볼 뻔했다. 아찔하다.

많은 영화와 드라마를 봤지만, 보는 내내 이렇게 힘겨웠던 경우는 없었다. 귀신이 이보다 무서울까? 연쇄 살인마가 이보다 흉악할까? 나라와 나라 사이의 전쟁이 이보다 참혹할까 싶다. 이 모든 비극은 체르노빌로 대표되는 원전 사고에 비하면 오히려 시시해 보일 정도다.

종말론은 흔히 셋으로 나뉜다. 개인적 종말론은 개인의 죽음과 관련되며, 민족적 종말론은 국가나 민족의 멸망과 관계된다. 우주적 종말론은 전 지구 차원에서의 최후 멸망을 가리킨다. 영화 〈터미네이터〉 등에서 다루어지는 주제다. 체르노빌 참사는 우주적 종말론에 가까운 사건이다. 민족과 인종을 가리지 않으며, 동물과 식물 등 생태계 전반에 두려운 파괴력을 휘두르기 때문이다. 그 귀결은 지구 멸망이다.

드라마를 보면서 내내 머리를 떠나지 않은 것은 아이들에 대한 죄책감이다. 기성세대가 감당할 능력도 없으면서 구축한 시스템 때문에 파멸적인 피해를 떠안는 아이들은 무슨 죄가 있단 말인가.

〈체르노빌〉을 보며 후쿠시마를 생각하지 않을 수 없다. 1~7등급까지 있는 국제원자력사고등급INES에서 최악인 7등급 사고는 인류 역사상 단 두 번뿐이다. 체르노빌 원전 사고와 2011년 일본의 후쿠시마 원전 사고다. 미국 역사상 최악의 원전 사고인 스리마일섬 원전 사고는 5등급이다. 그럼에도 일본의 아베 정부는 원전 오염수를 태평양에 방류할 계획을 세운 바 있다. 무능한 정치 지도자의 무책임한 처사다.

바다에 떠 있는 아이들이 위태로워 보인다. 현 세대는 아이들에게 무한책임을 저야 한다.

영웅과 양떼

뉴스 댓글들을 읽다 보면 정신이 아득할 때가 종종 있다. 본문을 오독하고 엉뚱한 댓글을 쓰는 경우다. 하지만 지식인, 학자라고 해서 오독을 피할 수 있는 것도 아니다.

19세기 영국 역사가 토머스 칼라일의 《영웅숭배론》도 많은 이들이 오독했다. 제목부터가 오해 사기 딱 좋다. 영웅이 역사의 흐름을 결정짓는다는 '영웅사관'으로 지목돼 많은 비난을 받았다. E. H. 카의 《역사란 무엇인가》에도 칼라일은 영웅사관의 대표격으로 등장한다.

사실 영웅이란 말 자체가 전사戰士의 이미지를 강하게 풍기기 때문에 영웅 숭배는 자칫 '군인 영웅에 대한 수동적 복종'으로 여겨질 수 있다. 하지만 칼라일이 영웅으로 호명한 인물들은 대부분 전사와는 거리가 멀다. 《영웅숭배론》에 나오는 루터, 단테, 셰익스피어, 루소 등을 누가 전사라고 부르겠는가.

칼라일의 영웅은 도덕성을 갖춘 진실한 인간을 의미했다. 그는

2018년 9월, 서울 광화문

'숭배'를 '존경'과 같은 의미로 썼다. 따라서 영웅숭배란 '진실한 인물에 대한 존경'이다. 칼라일은 예수 그리스도를 '모든 위인 중 가장 위대한 인물'로 지목하기도 했다.

칼라일이 말한 '숭배'는 상급자에 대한 맹목적 복종이 아니라 마음에서 우러나는 자발적인 존경이다. 철학자 니체가 초인超人과 범인凡人의 특징을 '의지'와 '무無의지'로 보고 양자의 속성을 '상반相反'된 것으로 파악한 데 비해 칼라일은 영웅과 추종자의 차이가 단지 도덕성과 통찰력의 '정도程度' 차이에 불과하다고 봤다.

따라서 영웅은 일방적으로 주변 사람에게 영향을 미칠 수 없다. 오직 사람들이 그를 따르기로 자발적 결단을 내릴 때만 추종자를 얻을 수 있다. 그러므로 영웅이 등장하기 위해서는 '수많은 작은 영웅'이 있어야 한다. 영웅의 위대성을 알아볼 품성을 지닌 자만이 그를 존경하기 때문이다. 그러므로 칼라일이 꿈꾼 세상은 '수많은 영웅들로 가득 찬 세계'였다.

경복궁 상공에 양 떼가 몰려간다. 건강한 시민사회는 양 떼와는 다르다. 깃발 흔드는 대로 따라다니는 수동적 인간들이 아닌, 분별력을 지닌 수많은 작은 영웅들이 건전한 민주사회의 토대다.

엄마와 숨바꼭질

피천득(1910~2007)의 수필에는 동심이 이상향으로 등장한다. 그래선지 그의 글에는 엄마 이야기가 자주 나온다. 엄마와 숨바꼭질을 하던 어린 시절을 회상하면서 '나'는 엄마를 쉽게 찾아내는데, 엄마는 왜 '나'를 금방 찾지 못했는지 그 시절엔 몰랐다고 말한다.

"'꼭꼭 숨어라, 머리카락 보일라.' 엄마와 나는 숨바꼭질을 자주 했다. 그럴 때면 나는 엄마를 금방 찾아냈다. 그런데 엄마는 오래오래 있어야 나를 찾아냈다. 나는 다락 속에 있는데, 엄마는 이 방 저 방을 찾아다녔다. 다락을 열고 들여다보고서도 '여기도 없네' 하고 그냥 가 버린다. 광에도 가 보고 장독 뒤도 들여다본다. 하도 답답해서 소리를 내면 그제야 겨우 찾아냈다. 엄마가 왜 나를 금방 찾아내지 못하는지 나는 몰랐다."

요즘으로 치면 과외공부 하러 간 학원에서 '땡땡이'를 쳤다가 엄

2012년 대전

마에게 들통나서 종아리 맞고 울던 일도 담담하게 털어놓는다.

"한번은 글방에서 공부하다 몰래 도망쳤다. 너무 시간이 이른 것 같아
한길을 좀 싸돌아다니다가 집에 돌아왔다. 내 생각으로는 그만하면 상
당히 시간이 지난 것 같았다. 그런데 집에 들어서자 엄마는 왜 이렇게
일찍 왔느냐고 물었다. 어물어물했더니 엄마는 회초리로 종아리를 막
때린다. 나는 한나절이나 울다가 잠이 들었다. 자다 눈을 뜨니 엄마는
내 종아리를 만지면서 울고 있었다. 왜 엄마가 우는지 나는 몰랐다."

피천득은 엄마가 왕비보다 더 예쁘다고 믿었다. 그렇게 예쁜 엄마
가 그를 두고 달아날까봐 늘 걱정이었다.

"그래서 엄마가 나를 버리고 달아나면 어쩌느냐고 물어보았다. 그때

엄마는 세 번이나 고개를 흔들었다. 그렇게 영영 가 버릴 것을 왜 세 번이나 고개를 흔들었는지 지금도 나는 알 수가 없다."

엄마는 그가 만 아홉 살 때 세상을 떠났다.

동심을 귀하게 여긴 피천득은 점잖을 빼는 학계 '권위'나 사회적 '거물'을 보면 그를 불쌍히 여겨 그의 어릴 적 모습을 상상해 보는 버릇이 생겼다고 한다.

"그러면 그의 허위의 탈은 눈 같이 스러지고 생글생글 웃는 장난꾸러기로 다시 환원하는 것이다."

권력에 취해 부끄러움을 잊어버린 엘리트들이 꼭 읽어야 할 글이다.

효도 대행 서비스

수주樹州 변영로(1898~1961)는 1919년 독립선언서를 영문으로 번역했고, "거룩한 분노는 종교보다 깊고"로 시작하는 시 〈논개〉를 쓴 시인이자 영문학자다. 그의 《명정 40년酩酊四十年》은 1953년 서울신문사에서 처음 출간됐다. '명정'은 술에 취했다는 뜻이니 술과 더불어 산 40년 인생을 돌아본 수필집이다.

그는 한학자 위당爲堂 정인보(1893~1950)와 어려서부터 친구였다. 한 살 차이로도 선후배 가르기 좋아하는 요즘 세태와 달리 이 시절에는 다섯 살 차이쯤은 전혀 문제가 안 됐다. 수주는 위당 집을 출입하면서 위당의 부친과도 자주 만났는데, 위당은 부친에 대한 효심이 지극했다.

수주의 20대 후반 시절 이야기다. 위당의 부친은 술은 좋아하는데 술벗은 많지 않아 늘 적적했다. 위당이 이를 안타깝게 여겼으나, 자식 된 도리에 늙은 아버지와 함께 술집을 다닐 수는 없었다. 게다

2012년 10월, 대전

가 위당은 술을 좋아하지 않는 샌님 타입이었다. 그래서 한 번은 "여보게 수주, 오늘 우리 아버지를 모시고 술집에 좀 가 주게"라고 부탁했다. 이를테면 친구더러 효심을 대행하여 달라는 안타까운 주문이었다.

수주는 거절하려 했으나 친구의 효심을 생각해 기꺼이 승낙한다. 부친을 술집으로 모시고 가준다니 위당도 기뻐했지만, 노인은 더더욱 희색이 만면해 "수주, 허, 수주"를 연발하셨다. 그러나 수주에게는 이 일이 썩 즐겁지만은 않았다. 일종의 봉사요, 책임감으로 하는 일이었기 때문이다. 발걸음이 그다지 가볍지 않았다.

맨 처음 간 곳은 동대문 밖 주점이었다. 상상해 보라. 70대 노인과 30세도 안 된 청년이 대작하는 장면을. 술집의 다른 손님들도 의아한 눈으로 쳐다보았다. 술 좋아하는 수주였지만 음주가 즐거움이 아니라 고행이었다. 그러나 크게 기뻐하시는 노인을 댁까지 모셔다

드리고 집으로 돌아오니 "내 오늘 좋은 일을 하였구나" 하는 만족감도 들었다. 그 후로도 수주는 여러 차례 이 술집 저 술집 옮겨 다니며 효도를 대행했다.

깊어 가는 가을, 소주병을 잔뜩 쌓아 두고 잠시 낮잠을 즐기는 이 어른에게는 대작해 드릴 아들 친구가 없었던 걸까.

불운이 행운을 낳다

포르투갈의 항해자 마젤란(1480~1521)은 인류 역사상 최초로 세계 일주 항해에 성공했다. 마젤란을 포함해 당시의 유럽인은 대서양 서쪽의 신대륙 반대편에 '인도양'이 있을 줄로 알았다. 태평양이 가로놓여 있다는 사실을 그 누구도 알지 못했다.

문제는 대서양에서 인도양으로 가는 통로가 어디인가였다. 마젤란은 남아메리카 남단에 '인도양으로 들어가는 통로'가 있다는 '기이한 확신'을 품고 모험 항해에 돌입한다.

그의 절대적 확신은 독일의 지리학자 마르틴 베하임(1459~1507)의 보고서 때문인 것으로 보인다. 문제는 베하임의 보고서가 남위 40도에 위치한 라플라타강의 거대한 하구河口를 '인도양으로 들어가는 통로'로 착각한 오류였다는 사실이다. 베하임의 보고서를 근거로 거창한 세계 일주 계획을 세웠을 때 마젤란은 잘못된 자료에 현혹돼 있었다.

2011년 9월 청주 석곡동

그가 '절대적 확신'을 가질 수 있었던 비밀의 열쇠는 '오류를 진정으로 믿었고 진정으로 받아들였다는 데' 있었다. 그러나 누가 이 오류를 경멸할 수 있단 말인가. 그의 오류 덕분에 태평양의 존재도 알려졌다. '태평양'이라는 이름을 지은 것도 마젤란이다.

시대정신에 부합하고 우연에 의해 인도되면 가장 어처구니없는 오류에서도 최고의 진실이 생겨날 수 있다. 수많은 중요한 학문적 발명, 발견들도 그릇된 가정에서 비롯되지 않았던가. 근대 이후 발달한 '화학'도 중세의 미신적인 연금술에서 비롯됐다. 영어로 화학 chemistry은 연금술alchemy에서 나온 말이다.

지구의 크기를 실제보다 훨씬 작게 엉터리로 계산한 토스카넬리의 지도가 없었더라면 콜럼버스는 대양으로 떠나려고 하지도 않았을 것이다. 마젤란은 부정확한 베하임의 보고서를 우직하게 믿고 오류에 모든 것을 걸고 바쳤기 때문에 그 시대의 가장 큰 지리학적 비밀을 풀 수 있었다.

시골 농가 텃밭을 찍고 모니터로 확인하니 토란잎에 온통 초록색 '오로라'가 펼쳐져 있다. 렌즈의 광학적 문제로 인한 오류다. 하지만 그 덕에 예기치 못한 비현실적인 이미지를 담는 행운을 얻었다. 세상만사 계획대로 돌아가지는 않는다. 하지만 뜻밖의 결과를 얻기도 한다. 그게 인생 아닐까.

껍데기는 가라

박정희 정권 시절에는 마을마다 직장마다 민방위 조직이 있었다. 그 무렵 우리 동네에는 옷가게 심 사장님이 민방위 대장을 맡고 있었다. 그런데 이분이 틈만 나면 은근히 뽐내면서 말끝마다 "나도 대장인데"라는 말을 되풀이한다.

가만히 들어 보니 앞뒤 문맥으로 보아 '대장隊長'을 '대장大將'이라고 생각하고 있는 것이 틀림없었다. 황당한 착각이지만 '완장'과 '감투'를 지향하는 일반적인 국민 정서를 반영하는 것이리라. 어이없는 착각 속에 살았던 심 사장님의 귀여운⑦ 모습이 눈에 선하다.

진짜 별 넷짜리 대장 이야기도 있다. 2002년에 작고한 군 원로 이야기다. 대한민국 육군 장교 군번 1번 이 아무개 대장이다. 이분은 진짜 '대장大將'이다. 고교 선배인 이분을 고등학생 시절 직접 뵌 적이 있다. 물론 개인적으로 만난 건 아니다. 까까머리 고등학생이 육군 대장을 무슨 수로 만나겠는가?

2012년 11월 전북 삼례

이분이 선배 자격으로 모교를 방문해서 조회 시간에 전교생을 운동장에 모아 놓고 꽤 긴 시간 연설을 하신 것이다. 그분이 무슨 얘기를 했는지는 지금 전혀 기억이 없다. 그러나 딱 한마디만은 도저히 잊으려야 잊을 수 없다.

"여러분 중에서도 나같이 훌륭한 사람이 많이 나오길 바란다."

실로 파격적인 말씀이었다. 오글거렸다. 듣는 내가 다 부끄러웠다. 너무나 어이가 없어서 수십 년이 지난 지금도 다른 말씀은 다 잊었지만. 그 한마디만은 잊지 못한다. 뒷줄에 서 있던 아이들도 '훌륭하신 선배님'의 말씀을 듣고 서로 바라보며 웃었다. 애들이라고 모르겠는가? 그날 나는 '훌륭한 사람'은 되지 않겠노라고 다짐했다.

스스로 잘났다고 으스대는 엘리트들이 있다. 하지만 알고 보니 공동체의 대의를 위해 헌신한다는 기개는 없고, 완장 차고 양아치 짓을 즐기는 껍데기 군상들이다. 우쭐대는 사춘기에서 성장이 멈춘 자들이다. 조선 시대의 양반 등 특권계급의 횡포를 글로 읽을 때는 잘 몰랐는데, 이들의 행태를 보니 이런 식으로 해 먹었겠구나 하는 실감이 난다.

가을바람에 콩 껍질이 우수수 날아간다. '잘난 엘리트들'에겐 알 맹이를 가려내는 촌부村婦의 분별력도 없어 보인다. 시인 신동엽이 말했다.

"껍데기는 가라!"

아마추어 사진 애호가

사진을 취미로 삼게 된 건 디지털카메라가 보급되기 시작하던 무렵이다. 어느 날 문득 카메라에 눈길이 갔다. 오랫동안 까맣게 잊고 있던 어린 시절의 꿈이 떠올랐다. 그림을 그리고 싶었지만, 여건도 안 되고 소질도 대단치 않아 주저앉았던 것이다.

그림 대신 사진이었다. 디지털 시대라 필름 부담 없이 마음껏 찍을 수 있는 것도 좋았다. 내겐 필름카메라의 추억 같은 건 별로 없다.

20년 가까이 취미 사진을 찍으면서 단체로 출사라며 몰려다닌 적은 한 번도 없다. 사진은 철저히 개인적인 일이라고 생각하기 때문이다. 매그넘 사진작가 데이비드 앨런 하비David Alan Harvey(1944~)의 말대로 "사진은 몰려다니면서 찍는 것이 아니다." 사진을 좋아한다면서 단체로 몰려다닌다는 것은 토끼가 헤엄을 치는 것만큼이나 안 어울린다고 생각한다. 남이야 뭐라 하건 내 생각은 그렇다.

크고 무겁고 비싼 카메라를 가져 본 적이 없다. 늘 휴대하기 좋

2010년 12월 전북 삼례

은 무게와 크기의 카메라를 선택하려 했다. 세계적인 패션 사진작가 피터 린드버그Peter Lindbergh(1944~2019)는 "사진의 프로와 아마추어를 구별하는 기준은 누가 더 좋은 카메라를 갖고 있느냐가 아니라, 누가 사진기를 손에서 놓지 않느냐다"라고 말했다. 표준 줌렌즈 끼운 카메라, 그게 거추장스러우면 작은 팬케이크 렌즈 끼운 카메라 한 대를 항상 몸에 지니려고 한다. 찬스는 언제 올지 모른다.

사진만을 위한 여행을 해본 적도 없다. 지방에서 기차 통근을 오래 했기에 퇴근 무렵 기차 기다리는 시간을 주로 활용해 사진을 찍었다. 영국 역사가 트리벨리언G. M. Trevelyan(1876~1962)은 "내겐 주치의가 둘인데, 그건 나의 왼발과 오른발이다"란 말을 남겼다. 걷기 운동은 사진 취미의 덤이다.

미국의 극작가 윌리엄 인지William Motter Inge는 "무언가 아름다운 것을 만들고 무언가 진실한 것을 발견하려는 사람은 결코 지루하지 않다"고 말한다. 완벽하게 동의한다. 초라한 곳에서, 아니 초라할수록 아름다운 장면이 나온다. 호화 주택가보다는 구도심 뒷골목이나 판자촌에서, 햇살 쨍쨍한 한낮보다는 땅거미 질 무렵 더 좋은 그림이 나온다. 우리 삶도 그런 것 아닐까.

초겨울 해질 무렵 담장 아래 시들어 가는 꽃을 담았다. 영어 '에듀케이션education'은 어린이의 개성과 가능성을 이끌어 낸다는 뜻이다. 사진가의 눈은 피사체의 가장 아름다운 면을 이끌어 낸다는 점에서 교사 또는 부모의 눈과도 비슷하다.

파랑의 역사

2019년 9월 스코틀랜드 에든버러

고대 로마인이 사랑한 색은 빨간색이었다. 빨강은 황제의 색이기도 했다. 반면 파란색은 켈트족과 게르만족 같은 야만족의 색이었다. 율리우스 카이사르(기원전 100~44)는 이 족속들이 적에게 겁을 주기 위해 몸에 파란색을 칠하는 관습이 있다고 기록했다. 그러므로 로마인에게 청색은 경계하고 멀리해야 할 색이었다. 청색 옷을 입는 것은 품위가 떨어지는 일이었다. 파란색은 흔히 죽음이나 지옥을 연상시켰다. 로마인은 켈트족과 게르만족의 파란색 눈마저도 추하게 여겼다.

12세기 이후 파란색에 대한 태도는 근본적인 변화를 겪는다. 유럽에서 파란색의 가치 상승은 1100년 전후에 예술 분야, 특히 성화들에서 나타났다. 특히 성모 마리아를 그린 성화에서 파란색을 사용한 것은, 12세기부터 파랑을 '색 중에 가장 아름다운 색'으로 여기게하는 데 결정적 역할을 했다. 옷과 스테인드글라스에서 청색이 본격적으로 사용된 것도 12세기부터였다. 이제 파란색은 더 이상 야만과 죽음의 색이 아니라 신성함과 고귀함을 뜻하는 색이 됐다. 유럽사에서 파랑의 역사는 가치관과 감성의 미학적 반전을 보여 주는 역사이기도 하다.

20세기에 접어들어 파란색은 유럽과 미국에서 가장 즐겨 입는 옷 색깔이 됐다. 1950년대 이후 인디고로 염색한 청바지가 중요한 역할을 했다. 데님은 튼튼한 면직물이지만 염료를 완전히 흡수하기에는 너무 두꺼웠기 때문에 '완벽한 염색'을 할 수 없었다. 그러나 염색 공정에 나타난 이러한 불안정성이 오히려 청바지를 성공으로 이끌었다. 바지를 입은 사람과 함께 색이 변화하고 낡아 가는, 살아 있는 옷감인 것이다.

오늘날 파란색은 나토NATO와 유럽연합EU을 상징하는 깃발의 바탕색으로 사용되고 있다. 제2차 세계대전 이후 서유럽에서 실시된 '좋아하는 색'에 대한 여론조사에서도 응답자의 절반 이상이 파란색을 선택했다. 프랑스에서는 청색 선호 경향이 두드러져, 때로는 60%에 이르기도 한다. 한때 야만인의 색이라고 천대받던 파란색이 가장 사랑받는 색으로 탈바꿈한 것이다.

스코틀랜드 에든버러성城 입구에서 얼굴과 팔에 푸른색을 칠한 켈트족 전사가 관광객들을 즐겁게 해 주고 있다.

자전거의 역사

산업혁명이 한창이던 19세기 유럽에서는 많은 발명가가 새로운 실험을 했다. 독일 귀족 카를 폰 드라이스는 1817년에 최초의 두 바퀴 탈것을 제작했다. 그의 이름을 따서 드라이지네draisine, 또는 라틴어로 '빠른 발'을 뜻하는 벨로시페드velosipede로 알려진 이 탈것은 나무로 만든 바퀴 두 개를 앞뒤로 배열하고 가로막대로 연결한 다음 그 위에 쿠션 안장을 얹었다. 지금의 자전거에서 페달과 체인, 브레이크가 빠진 모습이다. 안장에 올라타고 마치 걷거나 뛰는 것처럼 양쪽 발로 땅바닥을 번갈아 차면서 그 추진력으로 앞으로 나아갔다.

대중의 반응은 호의적이지 않았다. 브레이크가 없어 내리막길에서 큰 부상을 당하기 쉬웠고, 구동장치가 없는 탓에 오르막길에서는 어깨에 메고 이동해야 했기 때문이다. 결국 벨로시페드는 대중과 언론 앞에 실용성을 증명하는 데 실패했다.

그러나 대중의 거부만이 벨로시페드의 발전을 가로막은 것은 아

2014년 전북 삼례

니다. 페달 같은 구동장치의 장착은 기계공들이 보기에는 필연적이었고, 실제로 간단한 일이었다. 하지만 드라이스는 기술자들이 페달을 개발하려 하자 이를 비난했다. 그는 '걷거나 뛰는 자연스러운 움직임' 즉 '발차기 추진방식'만이 벨로시페드의 핵심이며, 두 바퀴 탈것을 추진하는 최상의 방법이라고 끝까지 고집했다. 황당한 고정관념이었다.

그 후 1867년 프랑스 대장장이 피에르 미쇼가 앞바퀴에 페달이 달린 '페달식 벨로시페드'를 제작했고, 이 탈것에 자전거bicycle라는 이름이 붙여졌다. 어색하기 그지없는 발차기 추진방식이 반세기 만에 사라진 것이다.

1879년에야 체인을 이용한 후륜구동 자전거가 처음 등장했다. 최초의 자전거인 벨로시페드에서 지금의 자전거가 도입되기까지 무려 60여 년의 세월이 필요했던 셈이다. 선입견과 고정관념이 변화의 큰 장애물이었다. 독일 과학자 막스 플랑크는 말한다.

"새로운 과학적 진리는 그에 반대하는 사람들을 확신시키고 설득해서 관철되는 것이 아니다. 결국, 반대하던 사람들이 죽고, 처음부터 그 진리에 익숙한 새로운 세대가 등장하면서 비로소 가능하다."

우리 사회의 발전도 낡은 세력이 죽고 새로운 세대가 등장하길 기다려야 하는 걸까. 자전거를 타고 달리는 두 친구의 귀여운 경쟁심이 거리를 환하게 빛낸다.

종교적 확신

움베르토 에코의 소설《장미의 이름》은 1327년 11월을 시대 배경으로 수도원에서 벌어진 희대의 살인사건을 수사하는 내용이다. 호르헤 수도사는 책 페이지에 독을 발라 손가락에 침을 묻혀 책장을 넘기는 수도사들을 죽게 만든 종교적 확신범이다. 웃음을 다룬 고전인 아리스토텔레스의《시학》제2권에 접근하려는 수도사들을 죽음으로 몰아넣은 것이다.

사건 수사를 맡은 윌리엄 수도사는 호르헤에게 말한다.

"그래! 잘 들어 둬. 당신은 속았어. 악마라고 하는 것은 영혼의 교만, 미소를 모르는 신앙, 의혹의 여지가 없다고 믿는 진리, 이런 게 바로 악마야!"

자신의 믿음이 절대적이라고 믿는 자들, 자신의 믿음이야말로 타

2012년, 대전 동구

인의 믿음의 진실성을 측정하는 절대적 기준이라고 확신하는 자들이야말로 악마라는 것이다. 신앙에 관한 모든 것을 다 안다고 주장하며 남을 정죄하는 자들이다. 그들은 "사람들에게 인정받을 필요 없어. 하나님의 인정만 받으면 되지"라며 이웃에게 거침없이 무례를 저지른다. 자기 신앙이 한 점의 의혹도 없는 확고부동한 진리라고 믿어 의심치 않는 맹신자들이다. 중세 종교재판관들도 같은 부류다. 타인의 머릿속을 들여다보는 투시력이라도 있는 듯 행동한다.

조지프 콘라드의 소설 《암흑의 핵심》은 인간 내면의 허약함과 취약성을 지적한다. 그는 "도덕으로 견뎌 내는 문명화된 인간의 삶이란 가까스로 식은 용암의 얇은 표면 위를 아슬아슬하게 걸어가는 것과도 같아서 자칫 방심했다가는 언제 어느 때 그 표면이 갈라져 불타는 심연으로 떨어지게 될지 모른다"고 말한다. 추앙받는 성인聖人의 삶이라고 해서 다를 것 없다. 그러니 인간 숭배란 얼마나 부질

없는가. 절대적 확신으로 무장한 지도자가 흔드는 깃발 따라 나부끼는 군중이란 얼마나 끔찍한가.

인간은 고독 속에서 선해지고 강해질 수 있다. 키에르케고르가 말한 단독자로서 완성되는 것이다. 정신과 의사이자 정신분석학자인 앤서니 스토는 《고독의 위로》에서 "혼자 있는 능력은 학습과 사고와 혁신을 가능하게 하며, 변화를 받아들이게 하고, 상상이라는 내면세계와 늘 접촉하게 하는 귀중한 자질"이라고 말한다.

한적한 골목길이 석양에 물들고 있다. 무리 짓기보다 혼자가 되자. 절대적 확신보다 정직한 의심과 성찰로 하루 하루를 마감하자.

새 출발

우리가 일상생활에서 흔히 접하는 시대 구분은 물리적 시대구분이다. 이를테면 1800~1899년은 19세기, 1900~1999년은 20세기, 이렇게 100년 단위로 끊어 구분한다. 그러나 역사가들의 생각은 좀 다르다. 낡은 시대를 접고 새 시대를 여는, 의미 있고 가치 있는 특정 사건을 기준으로 삼고 싶어 한다.

역사가들은 1789년(프랑스혁명)부터 1918년(제1차 세계대전 종전)까지를 '역사적 19세기'로 본다. 100년 조금 넘는 이 시기에 대체로 동질적인 시대정신이 유지됐다고 본다. 19세기는 프랑스혁명과 나폴레옹으로 시작돼 민족주의와 자유주의가 전 유럽을 휩쓴 시기다.

프랑스혁명과 동시에 영국에서는 산업혁명이 일어나 농업사회에서 공업사회로의 대격변이 시작됐다. 정치혁명과 경제혁명이 동시에 발생한 것이다. 영국 역사가 에릭 홉스봄은 프랑스혁명과 산업혁명을 '이중혁명dual revolution'이라 부른다. 19세기는 산업혁명의 결과 공업

2013년 충남 부여 무량사 입구

사회가 탄생하면서 노동문제, 도시문제, 임금문제, 환경문제 등 우리에게 낯익은 각종 사회문제들이 등장한 시기이기도 하다.

1919년에 시작된 '역사적 20세기'는 언제 끝났을까. 1989년의 베를린장벽 붕괴로 보는 시각이 있다. 이 사건과 뒤이은 1991년의 구소련 멸망으로 냉전 시대가 종식됐기 때문이다. 물론 다른 시각도 있다. 2001년의 9·11사태를 '역사적 21세기'의 출발점으로 보기도 한다. 후대의 역사가들은 '코로나 19'가 창궐하기 시작한 2020년을 21세기의 출발점으로 볼지도 모른다.

물리적 시대 구분에서는 21세기의 출발점을 두고 논란이 있었다. 예수 탄생을 서기^{AD} 1년으로 잡았기 때문에 2001년부터 새 세기의 시작으로 간주해야 한다는 주장도 있었지만, 역사학계는 2000년을 새로운 세기의 출발점으로 판단했다. '서기'라는 개념이 생겨난 6세기 서양에서는 0이라는 숫자가 알려지지 않았기 때문에 기원전^{BC} 1

년에서 바로 서기 1년으로 옮아갔으므로 서기 1년은 엄밀한 의미에서 곧 0년이다. 따라서 서기 1년에서 99년까지는 사실상 서기 0년에서 99년과 같다는 것이다.

21세기 출발점 논쟁도 아득한 옛일이 됐다. 다 같이 기지개를 켜자. 모쪼록 역사직으로 의미 있는 새 출발이 가득한 한 해 한 해가 되기를.

몸으로 익히는 공부

지방대 사범대학에 재직하면서 많은 학생을 만났다. 한 남학생에 대한 각별한 기억이 있다. 역사교육과라서 봄·가을엔 답사 여행을 떠난다. 어느 해 봄이었다. 답사 2일째였을 것이다. 오전에 전세버스로 목적지를 향하고 있었다. 나는 운전기사 뒷좌석에 앉아 있었다. 버스가 달리고 있는데 한 학생이 전날 마신 술로 탈이 났나 보다. 오른쪽 맨 앞자리가 비어 있었는데 그 자리에 앉더니 그만 바닥에 토하고 말았다. 비닐봉지를 얻으려고 앞으로 나오다가 그만 참지 못하고 일이 벌어진 것이다.

내 자리 건너편에서 순식간에 벌어진 일이었다. 운전기사가 낯을 찌푸렸다. 이 일을 어찌하나 하고 난감하게 바라보고 있던 순간, 뒤편에서 학과 학생회 총무를 맡은 복학생 한 명이 검은 비닐봉지를 들고 다가온다. 그러더니 말없이 소매를 걷어붙이고는 맨손으로 토사물을 싹싹 훑어 깨끗하게 치우는 게 아닌가. 누가 시킨 것도 아니

2019년 1월, 대전 유등천

었다. 청소 중이나 청소 후나 말 한마디 없었다. 내가 이 일을 했노라고 생색을 내는 법도 없었다. 당연히 할 일을 했다는 투였다. 처음부터 끝까지 지켜보면서 내심 감탄했다. 나 자신 깨우치는 바가 많았다. 지방대란 이유만으로 깎아내리는 세태에서 이런 학생이 있다는 게 뿌듯하고 자랑스러웠다.

나는 어려서 어머니가 부엌에 들어오지 못하게 막았던 세대에 속한다. 사내가 부엌에 들어오면 안 된다는 불문율이 통용되던 시절이다. 지금 와서 보면 한심한 관행이지만 그때는 그랬다.

설거지 습관이 몸에 붙질 않았으니 나이 들어 후천적으로 익히는 게 쉽지는 않았다. 이건 머리가 아니라 전적으로 몸으로 익히는 공부이기 때문이다. 하지만 답사에서 그 일을 겪으면서 결정적으로 내 습관을 돌아보게 됐다. 그 후 개숫물에 손 담그는 게 자연스러운 일이 됐다. 학생에게서 한 수 배운 것이다.

어려운 시험을 치르고 고위직에 오른 우리의 엘리트 관료, 법조인들은 어떤 교육을 받고 자랐을까. 책으로만 세상을 배운 수재들이라면, 국민의 삶과 동떨어진 외계인들이라면 곤란할 것 같다. 삶의 현장에서 고단하게 살아가는 서민들의 아픔을 온몸으로 공감할 줄 아는 지도자가 많이 나오면 좋겠다.

휜뺨검둥오리 한 쌍이 차가운 얼음물에 온몸을 던져 먹이를 찾고 있다. 양말도 신지 않은 빨간 발이 얼마나 시릴까.

종교와 상식

일제강점기 기독교사상가인 김교신(1901~1945)은 1942년 월간지 《성서조선》에 쓴 〈조와〉(弔蛙·죽은 개구리를 조문하다)라는 글 때문에 일본 경찰에 체포된다. 이른 봄 연못에 죽은 개구리들이 둥둥 떠다니는데, 자세히 보니 못 밑에 아직 몇 마리 개구리들이 살아 움직이더라는 이야기다. 〈조와〉는 "아! 전멸은 면했나 보다"라는 탄성으로 끝을 맺는다.

　이것은 단순한 개구리의 이야기가 아니라 일제하에서 혹독한 수난을 받던 우리 민족을 상징한 글이다. 그는 무서운 시련에도 죽지 않고 살아남을 민족의 앞날을 본 것이다. 이 글 때문에 김교신은 만 1년간 서대문형무소에서 옥고를 치른다. 이른바 '성서조선사건'이다. 일본 형사의 취조 앞에서 김교신의 태도는 당당했다. 황국신민서사 皇國臣民誓詞는 망국신민서사亡國臣民誓詞가 될 것이고, 일본이 중일전쟁을 일으킨 것은 어린아이가 호랑이 탄 격으로 죽을 수밖에 없으며, 일본 천황도 하나님의 창조물에 불과하다고 분명히 대답했다.

2020년 2월, 서대문형무소역사관

그런데 장시간 김교신을 취조한 형사들의 반응이 뜻밖이다. 그들은 "기독교에 대해서는 김교신에게 물어보면 제일 잘 알 수 있다"고 하면서 "기독교가 그렇게 좋은 종교인 줄 몰랐다"고 말한다.

김교신의 타 종교에 대한 태도는 매우 상식적이고 합당하다. 그는 1936년 이렇게 썼다.

"사토 도쿠지 교수로부터 '불교의 일본적 전개'라는 저서를 받고 그의 학구적 정력에 경탄함을 마지 못하는 동시에, 기독교도로서도 불교의 연구를 등한히 하여서는 안 될 것을 절감하다."

기독교가 배타적이란 평을 듣는 점을 생각하면 뜻밖이다.
1937년에는 이렇게 썼다.

"출판권 문제로 총독부에 들르니 장삼 입은 불교 승려들이 반열 지어 왕래하는 것이 보이다. 지상에 보도된 3대 본산의 대표자 회의가 열린 듯. 불원에 반도의 불교가 크게 부흥될 것이 기다려지다."

타 종교에 대한 그의 태도는 지극히 온건하고 상식적이다.

한국 사회에는 유독 개신교 신자들이 배타적 언행으로 타 종교인들에게 무례를 저지르는 경우가 많다. 현대 사회의 상식과 예의에 어긋나는 일이다. 비非기독교인의 입에서 "기독교가 그렇게 좋은 종교인 줄 몰랐다"는 말을 나오게 하는 기독교인이 몇이나 있을까. 한국기독교는 계시 이전에 상식이 필요해 보인다. 서대문형무소역사관은 김교신의 '성서조선사건'을 기억하고 있다.

중세 유럽의 흑사병

크림반도의 항구도시 카파는 동서양 교역의 접점이다. 이 도시를 3년간 포위했던 몽골군은 1346년 물러나면서 선물을 남긴다. 병에 걸려 죽은 군사들의 시체를 투석기로 성벽 안에 던져 넣은 것이다. 흑사병은 그렇게 성안으로 침투했다. 성에 피신해 있던 제노바 상인들이 본의 아니게 균의 전파자가 됐다. 이듬해 여름 이들이 고향으로 향하며 들른 지중해 항구마다 환자가 속출했다.

흑사병은 교역로를 따라 서유럽 전역으로 확산됐다. 먼저 바닷가 항구를 기습했고, 그다음 내륙으로 이동했다. 하루 약 3킬로미터의 무서운 속도로 확산됐다. 이 최초의 세계적 대유행이 있고 나서 흑사병은 향후 300년 동안 유행병으로 발병했다. 15세기에는 유럽 거의 모든 지역에서 10년 주기로 흑사병이 새롭게 발병했다. 그러나 점차 빈도가 떨어지고 치사율도 줄었다. 1720년 이후 흑사병은 서유럽에서 더는 찾아볼 수 없게 된다.

2012년 12월, 전북 삼례

흑사병의 사망률은 상상을 초월한다. 유럽 인구의 최소 3분의 1, 아마도 절반이 1347~1350년의 첫 흑사병 유행 기간에 사망했다. 그 후 인구는 계속 줄어들었다. 1450년에 이르러 흑사병, 기근, 전쟁 등의 복합적 작용으로 유럽 전체 인구 중 50% 이상이 사망했다. 흑사병 이전 인구가 가장 많았던 1300년경을 기준으로 하면 3분의 2가 사망했을 것이다(주디스 코핀, 《새로운 서양문명의 역사》). 유럽 인구는 17세기 말까지 흑사병 이전 수준으로 회복되지 못했다.

흑사병에 대한 첫 반응은 광란의 공황 상태에서 무기력한 은둔에 이르기까지 지극히 다양했다. 사람들은 흑사병이 전염병이라는 사실은 알았지만, 그것이 정확히 어떻게 확산하는지는 몰랐다. 그들은 흑사병이 나쁜 공기를 통해 확산한다고 믿었고, 감염된 지역을 떠나 도망치는 바람에 흑사병은 더욱 빨리 확산했다.

엄혹한 시기에 일부 유럽인은 유대인을 공격하는 등의 만행을 저

질렀지만, 많은 성직자는 가공할 질병 앞에서 용기 있게 소임을 다했다. 그들은 흑사병이 자신들의 목숨을 앗아가는 순간까지 죽은 자와 죽어가는 자들을 보살폈다. 코로나 바이러스 퇴치를 위해 최전선에서 헌신하는 의료진을 연상시킨다.

영국 시인 셸리는 "겨울이 깊으면 봄도 멀지 않으리"라고 노래했다. 더는 질병에 무지한 중세가 아니다. 흔들리지 말고 방역 당국의 의지와 역량을 믿고 기다리자.

나이가 벼슬인가

거리에서 싸움이 났다. 한쪽이 반말하자 대뜸 상대방이 쏘아붙인다. "야, 너 몇 살이야?" 누가 잘했고 잘못했는지는 나중 문제고, 우선 나이부터 따진다. "민증 꺼내 봐!" 싸움 도중 주민등록증 보자는 사람도 있다.

젊은 세대는 나이 한 살 차이로도 선후배를 가르고 상하 위계를 만든다. 심지어 같은 나이에도 생일이 이른지 늦은지로 기어이 위아래를 나누고 만다. 유교 전통사회의 장유유서長幼有序 문화 때문이라는 지적도 있지만, 조선 후기의 실학자 연암 박지원(1737년생)은 열세 살 어린 박제가(1750년생), 열일곱 살 어린 이서구(1754년생)와 벗으로 지냈다.

교육학자 신정민 박사에 따르면 당시에는 지금보다 나이에 관대했다. 양반들의 사귐에는 학문이 중요했기 때문에 나이가 어려도 학문이 출중하면 기꺼이 벗이 될 수 있었다는 것이다. 오성과 한음 이

2015년 2월, 대전

야기로 유명한 한음 이덕형(1561년생)과 백사 이항복(1556년생)도 다섯 살 차이였지만 친구로 지내는 데 아무런 문제가 없었다. 20세기 들어서도 이런 전통은 유지됐다. 시인이자 영문학자인 수주 변영로(1898년생)는 한학자 위당 정인보(1893년생)보다 다섯 살 아래였지만 어려서부터 친구였다. 당연히 서로 허물없이 반말했다. 시인 박인환(1926년생)과 김수영(1921년생)도 다섯 살 차이였지만 친구로 지냈다.

어릴 적 고향에서 종종 듣던 말이 있다. "상놈은 나이 먹는 게 벼슬이다." 연암 박지원의 경우에서 보듯이 학문과 실력만 있으면 나이가 어려도 인정받을 수 있는 양반과 달리 상놈은 나이 말고는 내세울 게 없다는 뜻이다. 유교 전통 속에서도 나이만 앞세우는 걸 부끄럽게 여기는 기풍이 맥맥히 흐르고 있었다. 사람이 오죽 내세울 게 없으면 나이 자랑이냐는 거다. 그렇다면 몇 달 차이로 위아래를 가르는 풍토는 천민자본주의 시대임을 방증하는 것일까.

일제강점기의 학교 선후배 서열과 군사문화의 영향이 크다. 그 결과 유치원에서 어린이들이 처음 만나 묻는 말도 "몇 살이야?"라고 한다(SBS 스페셜, 〈한국의 서열문화 '왜 반말하세요?'〉). 만나서 먼저 정하는 것도 형, 동생 서열이다. 수평적 소통을 가로막는 장애물이다. 일제 잔재와 군사문화를 버려야 한다. 아이들에게 수평적 언어를 가르쳐야 한다.

햇살 드는 골목길에 빨강, 노랑, 파랑 친구들이 걸어간다. 색깔에 무슨 위아래가 있을까.

건강한 전통과 병든 전통

명절이 되면 텔레비전에서 '외국인 장기자랑' 같은 프로그램을 방영하곤 한다. 오래전 설날 텔레비전에서 봤던 장면이 잊히지 않는다. 사회를 맡은 방송인 임성훈이 외국인 참가자에게 물었다. "한국의 전통 가운데 뭐가 가장 인상 깊었나요?" 그 외국인은 조금도 망설이지 않고 "대중목욕탕"이라고 답했다.

사회자 얼굴에 당혹스러운 표정이 잠깐 스쳤다. 기대했던 답이 아니라는 표정이었다. 그는 얼른 말을 돌려 "그런 것 말고 연날리기, 제기차기 같은 건 어떻게 생각하나요?"라고 되물었다. 두 사람의 대화를 통해 '전통'에 대한 두 가지 다른 관점이 있음을 볼 수 있었다. 사회자는 민속촌이나 민속박물관에 박제된 모습으로 남아 있는 '과거'를 전통으로 생각했지만, 장기자랑 참가 외국인은 '현재'에서 전통을 발견한 것이다.

둘 중 어느 쪽이 전통에 대한 올바른 시각을 가졌다고 볼 수 있

2019년 가을, 영국의 온천도시 배스

을까. 우리는 대부분 전통을 '과거'에 속한 것으로 생각한다. 어쩌면 방송 사회자는 전통에 대한 우리의 통념을 은연중에 대변한 것일 수 있다. 과연 전통은 '과거'에 속한 것일까. 미국 사회학자 이매뉴얼 월러스틴Immanuel Wallerstein(1930~2019)은 그렇지 않다고 말한다. '전통의 시제時制는 과거가 아니라 현재'라는 것이다.《근대세계체제》

외래문화와 전통문화를 분리해 생각하곤 하지만 '순수한' 우리 고유 전통은 많지 않다. 유교, 불교를 우리 고유 전통이라 말하지만 둘 다 '오래된' 외래문화일 뿐이다. 그에 비하면 기독교는 비교적 '최근의' 외래문화라고 할 수 있다. 밖에서 왔지만, 이 땅에 뿌리를 뻗으며 우리 전통이 돼 가는 중이다.

어떤 외래문화든 '빛'과 '그늘'이 공존한다. 그 '빛'을 '우리 전통'으로 소화해 낼 수 있는지가 가장 중요하다. 제대로 소화하지 못하면 아무리 좋은 외래문화가 들어와도 어둠만 늘어날 뿐이다. 귤이 회수淮水

를 건너면 탱자가 된다는 말이 있다. 2020년 봄 코로나19 방역을 방해해 큰 물의를 일으킨 신천지라는 신흥종교를 비롯해 일부 개신교 교회들을 통한 집단 감염이 문제가 되는 현실은 우리의 종교문화 소화 능력에 의문을 불러일으킨다. 음습한 탐욕을 당의糖衣로 포장한 종교적 광신에 지나지 않아 보이기 때문이다.

영국의 온천 도시 배스Bath는 로마의 목욕탕이 가장 잘 보존된 유적지다. 건강한 사회를 위해서는 병든 전통을 씻어내야 한다.

의식은 종교의 본질인가

2020년 봄, 코로나 19 감염 방지를 위해 정부가 집단예배 자제를 강력히 권고했음에도 개신교계는 종교탄압이라며 강력히 반발했다. 철학자 김용옥은 한국교회가 '구약舊約 코로나'에 감염돼 이성이 마비됐다며 구약을 폐기하라고 주장했다. 개신교도 김용옥도 모두 다 구약성서의 '아모스'를 몰라서 하는 소리다.

아모스는 '문서예언의 효시'로 불린다. 이사야, 예레미야의 대선배다. '정의의 예언자'로도 불리는 그는 종교의 핵심이 도덕이라고 강조했다. 당시의 종교·정치 지배계급은 공동체의 운명에는 관심이 없었다. 사법제도는 망가져 결백한 자가 감옥에 끌려갔다. 하지만 이토록 타락했음에도 종교의식에는 광적으로 집착했다. 사흘마다 십일조를 바칠 정도였다.

아모스는 정면으로 도전한다. 그는 구약종교가 의식종교로 타락했다고 꾸짖으며 '정의'를 요구한다.

2015 년 4월, 전북 삼례

"오직 정의를 물 같이, 공의公義를 마르지 않는 강처럼 흐르게 하라."
(《아모스》 5장 24절)

아모스는 종교 의식과 행사가 전혀 무가치하다고 주장함으로써
종교의 새로운 지평을 연다.

"나(야훼)는 너희가 벌이는 행사들이 역겹다. 너희 성회들을 기뻐하지
아니하나니 너희가 내게 제물을 바친다 해도 내가 받지 않겠다."(《아모
스》 5장 21~22절)

아모스의 신은 심지어 의식 그 자체를 죄악으로 간주한다.

"너희는 벧엘에 가서 범죄하며 길갈에 가서 죄를 더하며 아침마다 희

생제물을 바치고 삼일마다 십일조를 드리는구나."((아모스) 4장 4절)

구약종교에 대한 고정관념을 철저히 깨부수는 말이다.

아모스가 말한 정의는 대단한 게 아니다. 정직, 공정, 자비 등 상식적이고 보편적인 도덕률이다. 특히 시민적 도리와 이웃 사랑을 강조했다. 일반 국민이 개신교계에 요구하는 것도 별거 아니다. 공동체에 대한 최소한의 배려와 이웃 사랑을 보여 달라는 것이다. 애꿎은 구약을 탓할 것 없다. 불리한 구절을 선택적으로 외면하는 일부 교회와 철학자가 딱할 뿐. 아스팔트에 떨어진 꽃비는 아름답기라도 하지.

독서의 추락

몇 해 전 무궁화호 열차 안. 앞자리의 승객이 스마트폰을 보면서 소리 없이 손짓을 열심히 하고 있었다. 뭔가 하고 지켜봤더니 영상통화를 하면서 수어로 대화를 나누는 중이었다. 청각장애인 두 분이 스마트폰을 매개로 대화를 나누고 있었던 것이다. 이분들에게 영상시대는 축복이다.

영상 시대가 좋기만 한 건 아니다. 미국 작가 레이 브래드버리가 1953년 펴낸 《화씨 451》은 500년 뒤(25세기) 미국을 그린 디스토피아 소설인데, 뜻밖에도 오늘의 한국 사회에 잘 들어맞는다. 소설에서 미래의 미국 사회는 사람들에게 독서금지령을 내리고, 대신 영상오락물에만 탐닉하도록 한다. 금서목록이 100만 권에 달한다. 책 읽기를 금지당한 사람들은 밤낮 거실 벽에 설치된 대형 텔레비전에 빠져 산다.

사람들은 속도에 익숙하다. 걸어 다니거나 자동차를 천천히 몰았다가는 감옥행이다. 시속 60킬로미터로 차를 운전하다가, 서행했

2014년 서울

다는 이유로 잡혀가서 이틀 동안 감옥에 갇힌 사람도 있다. 외곽 도로의 광고판들은 길이가 60미터씩이나 된다. 옛날에는 6미터 정도였으나 차들이 너무 빠르게 달리다 보니 광고판도 길어졌다. 그래야 보이기 때문이다. 풀 한 포기, 꽃 한 송이 찬찬히 관찰하고 음미할 여유도 없는 삶이다.

주인공 몬태그의 직업은 '파이어맨fireman'이다. 통상 불 끄는 '소방관消防官'으로 옮겨야 하지만, 이 소설에서는 불 지르는 '방화수放火手'로 옮겨야 맞다. 그의 임무는 책을 몰래 보관하거나 빼돌리는 '배교자들'을 색출해 책과 함께 불태우는 것이다. 책을 접하는 경로는 법으로 철저히 차단돼 있다. 주인공의 아내는 허구한 날 대형 텔레비전을 시청하며 시간을 보낸다.

1953년 출간된 이 소설은 오늘의 한국 현실을 보여 준다. 집집마다 거실에 비치된 초대형 벽걸이 텔레비전을 70년 전에 예견했다는 것이 놀랍다. 소설에 등장하는 미래 사회의 특징은 오늘의 한국 사회에서 이미 구현돼 있다. 소설에서는 사람들이 책을 못 읽도록 불태우는 것으로 돼 있지만, 오늘의 한국 사회는 그럴 필요조차 없다. 국민 대부분이 스스로 책을 읽지 않기 때문이다.

2020년 초 불현듯 팬데믹이 전 세계를 엄습했다. 사회적 거리두기는 필수다. 생각해 보면 이런 시대처럼 책 읽기 좋은 시절도 없다. 이 상황을 독서운동의 기회로 삼는 건 어떨까. 독서의 추락은 인간의 추락을 동반한다.

고난의 역사에서 부러움의 대상으로

함석헌(1901~1989)은 《뜻으로 본 한국 역사》에서 조선말 우리의 처지를 '늙은 갈보'에 비유했다.

> "스스로 제 운명을 개척하고 사람 노릇 하자는 생각이 없고 오늘은 이놈에게, 내일은 저놈에게 붙어 그때그때 구차한 안락을 탐했다."

수구·개화, 친일·친청, 친러·친미로 갈라져 서로 싸우던 상황을 빗댄 표현이다. 그러다 결국 이놈에게도 사랑을 잃고 저놈에게도 미움을 사 몰락해 버렸다. 일부 먼저 깬 사람들이 힘을 써서 갑신정변, 갑오경장 하는 운동이 없지 않았으나 소용없었고, 끝내 1910년 일본에 의해 나라가 망했다.

함석헌은 왜 하필이면 일본이냐고 묻는다. 일본을 기르고 가르친 것은 우리였다. 고대 일본에 문화를 처음 일으킨 것은 반도에서

2011년 5월, 대전

규슈로 건너간 우리 민족의 한 물결이었다. 그들에게 처음으로 한자를 가르치고 유교, 불교를 전해준 것도 우리였다. 그들은 우리와의 교류가 없었더라면 발전할 수 없었으며 "우리가 주권을 튼튼히 하고 완벽히 교통을 제어했다면 일본의 운명은 우리 손에 있었다."

그러나 우리가 길러내고 업신여기던 일본에 나라를 몽땅 빼앗겼다. 함석헌은 이를 "마치 안주인이 행랑 머슴에게 실절失節한 셈"이라고 표현한다. 그는 우리 역사를 '고난의 역사'라고 부른다.

"우리 역사는 눈물과 피로, 걸었다기보다는 기었고, 기었다기보다는 굴러왔고, 발길에 차여 왔다."

광복 후에도 사정은 바뀌지 않았다. 함석헌은

"우리나라는 역대로 정치한다는 놈마다 민중 생각을 아니 하였기 때문에 백성이 정치의 따뜻한 혜택을 입어 본 일이 없다"고 말한다.

2016년 4월, 한 네티즌은 이렇게 탄식한다.

"이 나라는 거대한 세월호다. 배를 움직이는 사람들은 여차하면 배를 버리고 달아날 채비가 되어 있는데도, 배에 탄 사람들은 배가 흔들리고 뒤집혀도 그들의 말만 믿고 아무것도 하지 못한다."

이랬던 한국이 2020년 봄 전 세계의 주목을 받았다. 우리의 앞선 의료체계와 민주적 리더십이 결합해 세계 각국의 부러움의 대상이 된 것이다. 5월의 장미가 뭇 행인의 눈길을 사로잡는다.

번역청을 설립하자

기네스북은 세계 최고의 기록들을 모은 책이다. 아일랜드의 기네스 양조회사 창립자 아서 기네스_{Arthur Guinness(1725~1803)} 백작의 4대손 휴 비버경은 1955년 기네스북을 출간했다. 세계 최초, 최고, 최대 등 대중의 흥미를 끌 만한 기록들을 수록한다. 그러나 역사가들의 관점은 기네스북과는 사뭇 다르다. 그들은 '최초, 최고, 최대'보다는 '사회와 역사를 어떻게 변화시켰는가'에 방점을 찍는다.

우리는 세종이 창제한 한글을 '최고' 문자라고 자랑한다. 그러나 이제껏 한글을 어떻게 취급했던가. 조선조 내내 아녀자들이나 사용하는 문자로 취급했다. 백성을 사랑한 다산 정약용마저도 《목민심서》를 한글로 쓰지 않았다. 광복 직후인 1946년 통계에 따르면 한글 문맹자가 무려 77%였다. 1960년대 초까지 군대에서 문맹 병사들에게 한글을 가르쳐야 했다. 한글이 한국에서 지식혁명과 정보혁명의 도구로 본격 등장한 것은 1970년대부터다. 이제 겨우 반세기다.

2009년 봄, 대전 중구

출발이 늦다 보니 콘텐츠가 부실한데 위기의식마저 없다. 문제는 번역이다.

일본 교토산업대의 마스카와 도시히데(1940~) 교수는 70평생 외국에 나가 본 적이 없어서 여권도 없었다. 일본어밖에 할 줄 몰랐던 그가 2008년 노벨 물리학상을 받았다. 일본어만으로 세계 최고 수준의 학문적 성취가 가능했음을 뜻한다. '번역 왕국' 일본이기에 가능했다.

한국에서도 이런 일이 가능할까. 불가능하다. 한국어만 읽어서는 석사 논문 한 편도 못 쓴다. 학문이 불가능한 '반쪽짜리 언어'이기 때문이다.

한국인은 한글을 두고 세계 '최고' 등의 수사를 함부로 사용해선 안 된다. 그 좋은 문자를 가지고도 후손들이 못나서 반쪽짜리로 전락시킨 것을 부끄러워해야 한다. 일제강점기 정치인이자 교육자인 윤치호가 쓴《윤치호일기》에는 이런 말이 나온다. 1934년 YMCA 교육국이 영어책을 조선어로 번역하려는 계획을 세우자, 한 미국 선교사가 "십 년 후면 조선어는 부엌에서나 쓰일 터인데 조선어로 번역해서 무엇하겠는가"라며 반대했다는 것이다. 한국은 아직도 일제강점기 미국 선교사의 인식 수준을 극복하지 못한 것 아닐까. 우리는 아직도 한국어와 한글을 부엌에서나 쓸만하다고 생각하는 걸까.

꼭 번역청이 아니라도 좋다. 한국어 콘텐츠를 확 끌어올리기 위한 번역 지원 대책을 세우자. 한국어만 읽고도 노벨상 타는 시대를 만들어 보자. 이거야말로 세종이 간절히 원한 것 아닐까. 우리도 역사를 바꿔 보자. 미래 세대의 도약을 위한 백년대계를 수립하자.

진짜와 가짜

2014년 전북 삼례

영화 〈킹스맨: 시크릿 에이전트〉(2015) 초반에는 국제비밀정보기구 '킹스맨'의 설립 자금이 어떻게 조성됐는지 설명하는 장면이 나온다. 제1차 세계대전으로 전 세계 권력자들 상당수가 후계자를 잃었고 그 결과 엄청난 돈이 주인을 잃게 된다. 그 자금을 바탕으로 '킹스맨'이 설립돼 대의를 위해 쓰인다는 내용이다.

영화 줄거리는 물론 허구다. 하지만 제1차 세계대전으로 인해 많은 영국 귀족 가문의 대가 끊겼고, 그들 가문의 재산이 상속자를 잃었다는 것은 역사적 사실이다. 전쟁이 발발하자 귀족 청년들은 앞다퉈 초급 장교로 전방 근무를 자원했다. 1915년 봄이면 옥스퍼드대와 케임브리지대 재학생의 3분의 2 이상이 군 복무를 자원했고, 두 대학 재학생 중 30%가 목숨을 잃었다. 영국 정부는 비상이 걸렸다. 엘리트들이 대량 소멸하는 사태를 방치할 수 없었다. 정부는 전방 근무만이 조국을 위한 길이 아니며 우수한 두뇌를 활용해 후방에서

참모나 정보 장교 등으로 근무하는 것도 조국에 이바지하는 길이라고 호소했다. 하지만 귀담아듣지 않았다. 그들은 전장에서 장렬한 죽음을 맞았고, 그 결과 많은 귀족 가문의 대가 끊겼다.

솔선수범의 리더십을 발휘한 청년 장교들은 병사들과도 상호 존중하며 좋은 관계를 유지했다. 어느 병사는 전사한 중위의 어머니에게 편지를 보냈다.

"여태껏 전쟁터에 발을 들여놓은 어떤 병사도 부인의 아드님처럼 훌륭하지는 않았을 겁니다. 제가 하는 말은 모두 사실입니다."

이런 경험은 전후 영국 사회에서 사회적 간극을 좁히는 역할을 했다. '보수'의 진정한 면모다. 엘리자베스 2세 여왕의 차남 앤드루(1960~) 왕자도 1982년 포클랜드 전쟁 때 전투 헬리콥터 조종사로서 영국 군함으로 날아오는 미사일을 교란하기 위해 금속가루chaff를 뿌리는 임무를 수행했다. 자칫 미사일에 헬기가 맞아 사망할 수 있는 위험한 임무였다.

보수는 명예롭다. 조국이 위기에 빠질 때 기꺼이 멸사봉공滅私奉公한다. 하지만 가짜도 많다. 타국의 이익을 우선하거나 동족에게 총부리 겨누는 일을 서슴지 않는 자들도 보수의 간판을 쳐들곤 한다. 하지만 진짜와 가짜는 빛과 어둠처럼 다르다.

자가격리 시대의 전화위복

작가 이병주(1921~1992)는 부산 〈국제신보〉 주필로 활동하다가 1961년 5·16 때 필화사건으로 혁명재판소에서 10년 선고를 받았고 복역 중 감형돼 2년 7개월 만에 출소했다. '중립통일'을 주장하는 논설을 썼다가 반공법 위반으로 걸려든 것이다. 출옥 후 1965년 중편《소설 알렉산드리아》로 화려하게 등단한다. 소설의 무대를 지중해의 알렉산드리아로 설정한 것부터 파격이었다. 등장인물이 스페인, 프랑스, 독일 등 다양한 국적의 남녀인 것도 이채로웠다. 독일의 1937년 게르니카 폭격, 집요한 나치 전범 추적 및 처단 등으로 줄거리가 전개된다.

작가의 감옥생활 체험담이 볼만하다. 작가는 지식인과 무식자는 감옥에서 견디는 능력에 큰 차이가 있다고 말한다.

"지식인은 감옥 속에 있어도 중병에 걸리지 않는 한 호락호락하게 잘 죽지 않는다. 그런데 무식자는 육체적으론 지식인보다 훨씬 건장해도

2014년 봄, 전북 삼례

대수롭지 않은 병에 허무하게 쓰러진다."

　작가는 후속작인 단편 〈겨울밤〉에서 그 예를 든다. "만석꾼 아들인 좌익 사상범 노정필은 20년의 감옥살이를 견디어 냈는데, 소작인의 아들 이씨는 2년 옥살이도 이겨 내지 못하고 죽었다"라는 식이다.

　옥살이를 해 봤기에 할 수 있는 말이다. 그는 지식인은 난관에 부딪혔을 때 두 개의 자기로 분화된다고 말한다. 하나는 난관에 부딪혀 고통을 느끼는 자기, 또 하나는 고통을 느끼고 있는 자기를 지켜보고 그러한 자기를 위로하고 격려하는 자기라는 것이다. 그러므로 지식인은 웬만한 고통쯤은 스스로 위무하면서 견딘다. 반면 무식자는 고난을 겪는 자기만 있을 뿐이지 그러한 자기를 위로하고 격려하는 자기가 없다.

　박학현시博學顯示의 작가답게 어렵게 표현했지만, 간단히 말해 독서를 통한 자아 성찰이 감옥생활을 견디게 해 준 힘이라는 내용이다. 코로나19로 모두가 반강제적 자가격리를 받아들여야 하는 시대다. 코로나19 이전의 세상은 다시 오지 않는다. 자기를 격려하는 또 하나의 자아가 모두에게 필요하다.

정신과 의사들은 '코로나 블루'라는 국민 정신건강 문제를 우려하고 있다. 일종의 우울증이다. 책 읽는 습관은 자가격리 시대를 견디는 힘이 된다. 감염병 스트레스를 예방하기 위해서라도 범국민적인 독서 운동이 절실하다. 잘만 하면 독서인구 확대라는 전화위복의 계기로 삼을 수 있다. 소프트파워와 장기비전에 눈뜬 지도자가 필요하다.

전쟁은 안 된다

한국전쟁 끝자락에 태어났으니 전쟁에 대한 기억이 있을 리 없지만, 전쟁이 남긴 상처에 대한 단편적인 기억은 있다. 초등학교 6학년 때 1~4반은 남학생반, 5~7반은 여학생반이었다. 학급당 70명이 넘었는데, 오전 수업 끝나고 점심시간이 오면 반 학생 중 절반은 집에 갔다. 중학교 입학시험이 있던 시절이라 진학하지 않는 아이들은 먼저 귀가시키고, 나머지 절반만 학교에 남아서 입시 공부를 오후 늦도록 했다. 그 아이들 대부분은 집에서 저녁 식사를 하고 다시 담임 선생님 댁에 모여서 밤 11시까지 과외수업을 받았다. 새벽별 보며 등교하고 달을 보며 귀가하는, 입시에 찌든 소년기였다.

반에는 전쟁고아 S와 L이 있었다. S는 다부진 표정에 눈빛이 날카로운 아이였고 L은 애늙은이처럼 수더분하게 털털했다. 부모 있는 아이들도 절반이 진학을 포기했으니 고아원 아이들이야 말할 나위가 없었다. 둘 다 오전 수업만 마치고 하교했을 것이다. 그런데 중학

2019년 전북 삼례

교에 진학하고 보니 같은 학교에 S가 다니고 있었다. 워낙 머리가 뛰어나서 혼자 힘으로 입시에 합격했고, 고아원 측에서도 특별한 배려를 해 준 모양이었다.

친한 사이가 아니라 사정은 알 수 없으나 S의 학교생활은 순탄치 못했다. 중2 때였다. 어느 날 학교를 파하고 집에 가는 길이었다. 중앙공원 옆 공터에 사람들이 모여 싸움 구경을 하고 있었다.

남학생 두 명이 교복 차림으로 주먹을 휘두르며 맞붙고 있었다. 고등학생 교복을 입은 덩치 큰 학생이 피투성이가 된 채 흠씬 두들겨 맞고 있었다. 두들겨 패는 학생을 보고 깜짝 놀랐다. S였다. 자기보다 덩치가 훨씬 큰 고등학생을 간단히 때려눕힌 그는 옷을 툭툭 털더니 구경꾼들 사이로 유유히 빠져나갔다. 그의 살기 어린 눈빛이 지금도 생각난다. 그 후론 S의 소식을 알지 못한다.

어려서 들은 얘기지만 전쟁고아 아기들은 주사 맞을 때 울지 않는다고 한다. 떼를 써도 응석을 받아줄 엄마가 없으니 울어도 소용없음을 아는 것이다. 가끔 S가 생각날 때마다 안쓰럽다. 철없는 아둔패기라서 그땐 몰랐지만, 나이 먹고 나니 깜냥이 조금이나마 생긴 것이다. 얼마나 힘들었을까. 전쟁이 없었다면 고아 될 리 만무했겠고, 그 좋은 머리로 얼마나 큰 성취를 이룰 수 있었을까. 삶을 비극으로 만드는 전쟁만은 피해야 한다. 해마다 6.25가 되면 생각나는 친구다.

이름에 깃든 사연

유럽인이 성姓을 널리 쓰기 시작한 것은 16세기 이후의 일이다. 하지만 유대인은 마음대로 성을 쓸 수 없었다. 독일에서는 영주가 유대인에게 돈을 받고 성을 팔았다. 1787년 오스트리아에서는 유대인에게 히브리어 이름을 금하고 독일어 이름을 짓도록 강제하는 법률이 제정됐다. 하지만 꽃이나 보석에서 따온 '좋은 성'에는 그에 상응하는 뇌물이 필요했다.

따라서 유대인 성인 로젠탈Rosenthal(장미 계곡), 릴리엔탈Lilienthal(백합 계곡) 등은 우아해 보이지만 유대인 차별이 빚어낸 비극적인 성이다. 그나마 부유한 유대인은 그럴싸한 성이라도 얻었지만, 대부분의 유대인은 키가 크면 랑Lang, 키가 작으면 클라인Klein, 머리가 검으면 슈바르츠Schwarz, 그리고 태어난 요일 등에 따라 존타크Sonntag(일요일), 좀머Sommer(여름) 같은 성을 얻었다. 독일 소설가 파트리크 쥐스킨트의 《좀머씨 이야기》가 떠오른다.

2020년 7월 대전

여성 이름에 '자子'나 '숙淑'을 붙이는 게 유행한 적이 있었다. 서양 사람 이름에도 유행이 있다. 마리아Maria는 기독교권에서 가장 선호하던 여성 이름이다. 영어로 메리Mary다. 그러나 종교개혁 이후 변화가 나타났다. 프로테스탄트는 가톨릭의 마리아 경배에 반감이 있었다. 특히 '피의 메리Bloody Mary'로 불린 잉글랜드 여왕 메리(헨리 8세의 딸)가 가톨릭 옹호자였기 때문에 한동안 이 이름을 꺼렸다.

존John은 11세기 이후 영어권에서 널리 사용된 이름으로, 16세기 중반 런던에서는 네 명 중 한 명이 존이었을 정도였다.《실낙원》을 쓴 17세기 영국 시인 존 밀턴은 아버지도 존이었고 시인의 아들도 존이었다.

데이비드David란 이름은 구약성서의 다윗에서 비롯됐다. 다윗은 분명 빛나는 이름이지만 인간적인 결점도 있었다. 신하의 아내가 목욕하는 장면을 보고 마음을 빼앗긴 나머지 왕궁으로 불러들여 임신을 시킨 것이다. 청교도들은 이런 죄를 특히 싫어했다.

그러므로 미국의 초기 이민자들은 데이비드라는 이름을 아이들에게 거의 붙이지 않았다. 그러다가 1970~80년대 미국과 영국에서 데이비드란 이름이 갑자기 인기를 얻는다. 그 시절 큰 인기를 누렸던 록 가수 데이비드 보위David Bowie 덕분이다.

꽃 숲을 자전거로 달리는 소녀의 이름엔 어떤 사연이 있을까.

전쟁 같은 결혼

윈저공과 심프슨 부인의 사랑을 세기의 로맨스라 하지만, 서강대 설립자로 초대 학장인 길로연과 이 대학 졸업생 조안 리의 결혼만큼 대단할까 싶다. 길로연은 가톨릭 신부로 본래 이름은 케네스 에드워드 킬로렌이다. '대한민국 건국 이래 최초의 귀화인'인 그에게 길로연 吉路連이란 한국 이름을 지어 준 이는 국어학자 이희승이었다.

조안 리는 대학생 시절 그를 만났고, 둘은 열렬히 사랑하는 사이로 발전한다. 대학 졸업 후 결혼하려 했지만, 주변의 따가운 시선을 피할 수 없었다. 길로연은 사제의 길을 포기해야 했고, 조안 리는 부모의 반대가 극심했다. 교단의 압력으로 정신병원에 갇히는 등 지난한 과정 끝에 길로연은 미국으로 추방됐고, 오랜 기다림 끝에 마침내 로마 교황청의 승인을 얻어 평신도로서 1968년 미국에서 결혼식을 올린다. 26살 차이를 극복하고 가정을 이룬 것이다. '전쟁 같은 결혼'이었다.

2013년 대전 중구

조안 리는 딸 둘을 낳은 후 귀국해 국제 홍보를 전문으로 하는 프로 비즈니스우먼으로 활약했다. 조안 리의 자기 고백록인《스물셋의 사랑, 마흔아홉의 성공》(1994)은 1990년대 최고의 베스트셀러에 속한다.

조안 리의 고백에서 가장 인상적인 장면은 첫아이 출산을 '병원에 가지 않고 집에서 자연분만으로 하겠다'고 결심하는 대목이다. 연구 결과를 검토해 본 결과 '인간 역시 다른 동물들과 마찬가지로 자력에 의한 출산이 가능하다'는 결론을 얻은 그녀는 신이 인간에게 내려 주신 축복을 온전히 자신의 힘만으로 감당해 보리라 작정했고 반대했던 남편도 마지못해 동의한다. 그러나 출산이 임박해 진통이 심해지자 겁에 질린 남편은 의사를 부르러 달려간다.

홀로 남은 그녀는 진통 사이사이 정신이 가물거리는 상황에서 기도한다.

"오, 하느님, 이보다 더한 고통을 주신다고 해도 달게 받겠나이다. 다만 제게 새 생명의 탄생을 낱낱이 체험할 수 있게 해 주옵소서! 우리 사랑의 결실을 제 손으로 받아 드는 벅찬 희열의 순간을 맛볼 수만 있게 하옵소서."

진통 4시간 만에 딸이 태어났다. 의사와 간호사가 온 것은 출산 20분 전이었다. 산모도 태아도 모두 건강했다. "그 짜릿했던 감동은 지금도 내 세포 하나하나 속에 생생하게 살아남아 나를 흥분에 떨도록 만든다"고 조안 리는 술회한다.

출산율 감소로 인구대책 마련이 시급한 상황이다. 생명 탄생의 '짜릿한 감동'을 누릴 수 있는 환경을 만들 의무는 국가에 있는 것 아닐까.

박상익의 포토 인문학: 사진으로 세상읽기

초판 1쇄 펴낸날 2020년 9월 13일

지은이   박상익
펴낸이   천정한
편집   김선우
디자인   최성수
펴낸곳   도서출판 정한책방
출판등록   2019년 4월 10일, 제2019-000036호
주소   서울시 은평구 은평터널로66, 115-511
전화   070-7724-4005
팩스   02-6971-8784
블로그   blog.naver.com/junghanbooks
이메일   junghanbooks@naver.com

ISBN 979-11-87685-45-6 03300

이 도서의 국립중앙도서관 출판예정도서목록(CIP)은
서지정보유통지원시스템 홈페이지(http://seoji.nl.go.kr)와
국가자료공동목록시스템(http://www.nl.go.kr/kolisnet)에서
이용하실 수 있습니다. (CIP제어번호: CIP2020035749)

책값은 뒤표지에 있습니다.
잘못 만든 책은 구입하신 서점에서 바꾸어 드립니다.